Liebe kann man
sich nicht verdienen
oder erarbeiten.
Schon gar nicht
erzwingen. Liebe
ist ein Geschenk.

Bibliografische Information der Deutschen Nationalbibliothek:
Die Deutsche Nationalbibliothek verzeichnet diese Publikation in der Deutschen Nationalbibliografie;
detaillierte bibliografische Daten sind im Internet über http://dnb.d-nb.de abrufbar.

1. Auflage	November 2016
© 2016	edition riedenburg
Verlagsanschrift	Anton-Hochmuth-Straße 8, 5020 Salzburg, Österreich
Internet	www.editionriedenburg.at
E-Mail	verlag@editionriedenburg.at
Lektorat	Dr. Heike Wolter, Regensburg
Bildnachweis	Sterne am Cover © nj_musik – Fotolia.com
	Dekoelemente im Buchblock Fotolia.com: Stern © VRD,
	Kärtchen © Gleam, Briefpapier © alena0509
Satz und Layout	edition riedenburg
Herstellung	Books on Demand GmbH, Norderstedt

ISBN 978-3-903085-57-2

Tanja Wenz

Die kleinen Sterne leuchten immer

Briefe einer Sternenkindmutter

Liebe Grama,

manchmal kann ich es noch immer nicht fassen, dass du nicht mehr hier bei mir sein kannst. Du fehlst mir so sehr. Weihnachten ist es am schlimmsten. Wenn der Geruch von frisch gebackenen Keksen in der Luft hängt, denke ich immer sofort an dich.

Es sind so viele Dinge, die ich vermisse. Deine Briefe, deine Ruhe und Gelassenheit, und nicht zuletzt deine leckeren Butterplätzchen.

Ach Mama, es ist so ungerecht, dass du schon gehen musstest. Durch meine Briefe an dich fühle ich mich dir näher und sie trösten mich. Trotzdem tut es noch immer weh. Ich vermisse dich.

Liebe Grüße, deine Große

01. MÄRZ

Liebe Grama,

Fynn hält mich ganz schön auf Trab. Du weißt ja selbst am besten, wie das so ist mit den fast zweijährigen Kindern. Ich sage nur: anstrengend. Aber auch wunderschön. Wenn Fynn morgens tapsig in unser Bett krabbelt und sich an uns kuschelt, macht das alles wieder wett. Ich genieße diese Zeit sehr.

Es ist nur schade, dass Torben keine Zeit für uns hat. So hatte ich mir das eigentlich nicht vorgestellt. Ich bin meist allein mit Fynn. Torben kommt jeden Abend spät von der Arbeit und ist ausgelaugt und müde. Fynn schläft dann schon längst, und so sehen sich die beiden nur morgens und am Wochenende. Ich weiß ganz genau, was du jetzt sagen würdest:

„Geht am Wochenende doch in den Zoo, oder macht irgendeinen Quatsch zusammen." – Da muss ich dich leider enttäuschen. Am Wochenende erledigt Torben von zu Hause aus seine Telefonate für den Betrieb, schreibt Berichte ... Es ist eine scheinbar unendliche Aneinanderreihung von Arbeit, Arbeit und noch mehr Arbeit. Sicher, er verdient das Geld für uns, aber der Preis dafür ist sehr hoch. Mama, Torben sieht nicht gut aus. Er ist blass und wirkt sehr ausgemergelt und kraftlos.

Ich muss immer wieder daran denken, dass du zu mir und Papa häufig gesagt hast: „Lieber weniger Geld und dafür mehr Zeit für die Familie und die eigene Gesundheit." Ihr habt das wirklich gut hinbekommen. Den Spagat zwischen Geld verdienen zum Leben und Zeit für euch und mich. Sogar genügend Freiraum für ein Hobby hattet ihr noch.

Ich sehe dich noch vor mir, wie du glücklich lächelnd und mit Farbe bekleckst vor deiner Staffelei stehst und eine tiefe Ruhe und Zufriedenheit ausstrahlst. Auch in deinem Beruf bist du glücklich gewesen und mit der Familie erst recht.

Vielleicht sollte ich auch wieder arbeiten gehen?! So wie du früher. Torben könnte dann weniger arbeiten und sich mehr Zeit für Fynn und vor allem sich selbst nehmen.

Ich werde mit ihm darüber sprechen, denn wahrscheinlich weiß er gar nicht, was er alles verpasst. Es ist so unglaublich schön, Fynn aufwachsen zu sehen, Teil seines Lebens zu sein. Für mich ist es einfach das schönste Geschenk, Mutter sein zu dürfen.

Liebe Grüße, deine Große

Liebe Grama,

ich muss etwas loswerden. Mit Torben ist echt absolut nichts mehr los. Ich sage ihm fast täglich, dass er viel zu viel arbeitet. Das nervt ihn mittlerweile und wir streiten uns oft. Ich hätte wirklich lieber weniger Geld jeden Monat, aber dafür einen Mann, der auch für uns da ist.

Wozu haben wir denn eigentlich ein Kind? Es ist sehr schade, dass Torben sich überhaupt keine Zeit für seinen Sohn nimmt. Er bekommt überhaupt nichts von Fynn mit. Interessiert es ihn nicht, seinen Sohn zu erleben, ihn richtig kennenzulernen, sein Leben mit ihm zu teilen?

Papa hat doch früher auch Zeit für mich gehabt, wieso ist das bei Torben und mir jetzt so anders? Würde er sich mehr Zeit für uns nehmen, wenn er weniger arbeiten würde? Ich glaube, er hat einfach nur den falschen Job. Fynn geht es gut, es ist so schön zu sehen, wie er sich entwickelt und größer wird.

Liebe Grüße, deine Große

Liebe Grama,

seit Kurzem stille ich Fynn nicht mehr. Diese innige Zeit werde ich echt vermissen, doch ihm scheint es überhaupt nicht zu fehlen. Allerdings habe ich mir auch einen schönen Ersatz ausgedacht. Ich setze mich mehrmals am Tag mit Fynn aufs Sofa und kuschele mit ihm, erzähle ihm eine Geschichte oder lese ihm etwas vor. Dabei trinkt er dann aus seiner Tasse

warme Milch oder Tee. Wir beide genießen das sehr. So ist die erste Los-
lösung vollzogen und er ist unabhängiger von mir.

Deswegen gebe ich Fynn aber noch lange nicht in den Kindergarten.
Hier zu Hause ist er in seinem Alter am besten aufgehoben.

Mit Torben habe ich über einen möglichen Job von mir gesprochen.
Er hat mir zügig vorgerechnet, dass wir dann viel weniger Geld zur Verfü-
gung hätten und er sich eine solche Lösung nicht vorstellen könne. Meine
Einwände, dass es mir ja in erster Hinsicht um mehr Zeit für sich und uns
ginge und ich gerne bereit sei, mit weniger Geld zurechtzukommen, ließ
er nicht gelten. Ich glaube, er wollte mich einfach nicht verstehen, oder er
konnte es nicht. Er ist zugemauert mit Arbeit und weiß, glaube ich, selber
nicht mehr, wo oben und unten ist. Was richtig und falsch ist. Ich warte
noch ab, bevor ich einen neuen Versuch starte. Es geht mir ja nicht nur
um mich und Fynn, sondern natürlich auch um Torben. Ihm geht es in seinem Job nicht gut und er will das einfach nicht einsehen. Außerdem habe
ich auch Lust, wieder arbeiten zu gehen, das habe ich mir sowieso für
später vorgenommen, wenn Fynn älter ist. Warum also nicht schon jetzt?

Vielleicht sollte ich für den Anfang ihm die Alternativen und meine
Wünsche mal vorleben? Was denkst du? Öfter rausgehen, Leute treffen.
Nicht immer auf Torben warten, sondern mein Leben wieder leben, an-
statt auf Besserung zu warten und nur zu lamentieren. Schade nur, dass
unsere Freunde alle weiter weg wohnen, da kann ich nicht mal eben auf
einen Kaffee vorbeischauen. Trotzdem werde ich einfach mehr mit Fynn
unternehmen. Hier in der Nähe gibt es einen schönen Tierpark, da wollte
ich immer schon mal hin, und für Fynn ist es bestimmt toll, die ganzen Tie-
re zu sehen. Ach ja, und ins Schwimmbad wollte ich mit Fynn auch schon
länger. Das wird sicher spannend für den kleinen Kerl. Ich freue mich
darauf. Ich bin mir sicher, du würdest sehr gerne mitkommen.

Ich hoffe einfach das Beste und noch mehr. Schließlich hast du mir ja
beigebracht, dass man sein Leben in die Hand nehmen soll. Was hast du
noch gesagt? Die Kraft der positiven Gedanken! Ja, so war es.

Liebe Grüße, deine Große

Liebe Grama,

schade, dass du Fynn heute nicht gesehen hast. Er ist mit seinem Teddy im Puppenwagen durch den Garten gelaufen. Es war zu lustig. Immer wenn der Teddy kopfüber rausgefallen ist, hat ihn Timmi laut bellend wiedergeholt und in den Wagen zurückgepackt. Er hat den Teddy mit seinen spitzen Zähnen ganz vorsichtig getragen.

Fynn und Timmi sind echt ein tolles Team. Schade, dass der Garten so winzig ist. Aber irgendwann kaufen wir bestimmt ein eigenes Haus mit großem Garten, du wirst es sehen. So wie unser Haus in der Sonnenstraße früher. Ach Mama, wie vermisse ich die Johannisbeersträucher, den Kirschbaum und deinen Gemüsegarten. Du hast ihn immer so liebevoll gepflegt und warst böse auf mich, wenn ich als Kind beim Ballspielen nicht aufgepasst und die Tomaten abgeknickt habe.

Was würde ich darum geben, wieder zusammen mit dir die Kirschen zu entsteinen oder dir beim Marmeladekochen zu helfen.

Das fehlt mir sehr.

Liebe Grüße, deine Große

Liebe Grama,

letzte Woche war ich mit Fynn in dem Tierpark, von dem ich dir geschrieben habe. Es war so schön und wir hatten viel Spaß. Abends habe ich Torben die vielen tollen Fotos von Fynn und den Tieren gezeigt. Er schien ein wenig neidisch zu sein und zum Schluss meinte er: „Vielleicht schaffe ich es ja, beim nächsten Mal mitzukommen. Ich möchte das Strahlen in Fynns Augen nicht nur auf den Fotos sehen."

Mama, es geschehen noch Zeichen und Wunder.

Liebe Grüße, deine Große

Liebe Grama,

es ist ja schon ein bisschen unheimlich: Ich habe mir die letzte Zeit wirklich jeden Abend vor dem Einschlafen positive Gedanken zu meinem Leben gemacht.

Ganz bildlich habe ich mir ein schönes Haus und ein entspanntes, von Harmonie und Miteinander geprägtes Familienleben vorgestellt. Naja, ich habe etwas übertrieben, damit es besser wirkt. Natürlich gibt es nicht nur Harmonie in einer Familie, das ist mir ja klar.

Tja, und nun gibt es doch tatsächlich tolle Neuigkeiten: Torben hat nächste Woche ein Vorstellungsgespräch in einer anderen Firma. Er ist durch Zufall an die Stellenausschreibung geraten. Es ist ein sehr großes

Unternehmen mit einem guten Ruf als Arbeitgeber. Er bewirbt sich dort als IT-Techniker und wäre für den Einkauf, die Installation und die Wartung der EDV-Anlage zuständig. Die Firma hat mehrere Zweigstellen und ich kann dir nicht sagen, wo sein Arbeitsplatz dann genau wäre. Abwarten.

Liebe Grüße, deine Große

Liebe Grama,

stell dir vor, Torben hat vorgestern die Zusage für den neuen Job bekommen. Das ist doch unglaublich, oder?

Er hatte schon beim Vorstellungsgespräch ein sehr gutes Gefühl von dem Betrieb. Die Arbeitsbedingungen sind viel besser als in seinem jetzigen Job. Mehr Urlaub, keine Arbeit am Wochenende und Arbeitsschluss nicht erst spät abends, sondern schon gegen 16 Uhr.

Mama, das ist doch genau das, was ich wollte: mehr Zeit für die Familie. Tja, und nun kommt der Haken. Wir werden umziehen müssen, denn der Firmensitz ist recht weit entfernt von hier. Du weißt ja, dass ich immer wegwollte, aber wenn es jetzt so plötzlich kommt, ist es irgendwie merkwürdig. Doch es kann nur besser werden und ich freue mich auf unsere Zukunft.

Liebe Grüße, deine Große

Liebe Grama,

ob du es glaubst oder nicht: Wir haben in Lichterburg, dem Ort von Torbens neuer Arbeitsstätte, ein Haus gekauft.

Ich weiß, was du jetzt sagen willst, aber es ist nicht überstürzt. Gut vielleicht ein bisschen, doch wir haben dabei ein gutes Gefühl. Torben hat einen unbefristeten Vertrag unterzeichnet. Was hatte ich dir letztens geschrieben? Ein eigenes Haus mit großem Garten. Voila, da ist es. Ein schönes Haus, zwar schon etwas in die Jahre gekommen, aber auf dem neuesten Stand der Technik. Das Beste ist allerdings der riesige Garten. Endlich Platz für eine Schaukel – und auch für Timmi ist es ideal.

Ich freue mich. Außerdem ist es viel näher an unseren Freunden. Deshalb bin ich doppelt glücklich.

Das kann ich alles noch gar nicht richtig glauben. Natürlich werde ich dann einen Gemüsegarten anlegen. Hoffentlich habe ich nicht so viel von dem vergessen, was du mir beigebracht hast.

Liebe Grüße, deine Große

Liebe Grama,

in der letzten Zeit war ich ständig müde und das hat sich in den letzten Tagen noch verstärkt. Deshalb habe ich einen Schwangerschaftstest gemacht und – der war positiv! Du wirst wieder Oma! Torben und ich sind aus allen Wolken gefallen, denn damit haben wir absolut nicht gerechnet und natürlich war es auch gar nicht geplant. Ich überlege die ganze Zeit, wo die Lücke bei unserer Verhütung war. Ich kann es mir gar nicht erklären.

Es ist wie ein Wunder. Ich habe ziemlich lange ungläubig auf den Schwangerschaftstest geschaut und in meinem Kopf lief regelrecht ein Fragefilm ab. Ist Fynn nicht noch zu klein, um ein großer Bruder zu werden? Werden Torben und ich genug Zeit für Fynn und auch für uns als Paar haben, wenn ein zweites Kind da ist? Wird es nicht zu anstrengend oder gar schädlich für das ungeborene Kind, wenn ich Umzugskartons schleppe?

Ein positiver Schwangerschaftstest ist so unausweichlich, mit einem Schlag steht fest, wie die weitere Zukunft ablaufen wird: Schwangerschaft, Geburt, Stillen, Wickeln, zwei Kinder versorgen, wenig Schlaf. Natürlich wollen wir ein Geschwisterchen für Fynn, aber ich hätte gerne den Zeitpunkt selber bestimmt. Aber nach dem ersten Schrecken kommt nun die Freude durch. Freude auf die Schwangerschaft, auf die vielen innigen Momente mit dem Kind im Bauch, Freude darauf, die ersten zarten Bewegungen des Kindes in mir zu spüren, Freude darauf, das Kind das erste Mal in den Arm nehmen zu können, auf das zufriedene Schmatzen des Kindes, wenn ich es stille. Mama, da gibt es so viele schöne Sachen, die kann ich dir hier gar nicht alle aufzählen.

Ja, wir freuen uns sehr. Torben hat mir auch versprochen, sich mehr Zeit für uns und das neue Baby zu nehmen. Ich glaube ihm, und deshalb habe ich auch ein gutes Gefühl dabei

Liebe Grüße, deine Große

Liebe Mama,

heute war ich mit Torben zur Kontrolle beim Frauenarzt. Das klingt verrückt nach all meinen Beschwerden über seine Arbeitszeit. Aber Torben ist ganz anders, seit er weiß, dass er den Job wechseln wird. Es ist, als hätte er einen Schalter umgelegt. Sicher, er ist in seinem alten Betrieb die restliche Zeit sehr eingespannt, aber innerlich ist etwas in ihm anders geworden. Jedenfalls hat er sich für diesen Termin extra freigenommen. So schön. Bei der Untersuchung war alles in Ordnung. Der Arzt meinte, ich wäre schon in der achten Schwangerschaftswoche. Unglaublich, dass ich es nicht schon früher gemerkt habe.

Beim nächsten Mal wird eine Ultraschalluntersuchung gemacht. Bei Fynn haben wir diese Termine immer mit gemischten Gefühlen wahrgenommen. Einerseits die Freude, unser Kind „sehen" zu können, aber anderseits auch ein schlechtes Gewissen, weil wir im Internet gelesen hatten, dass eine Ultraschalluntersuchung für das Kind im Mutterleib so laut wie eine einfahrende U- Bahn in einen Tunnel ist. Der Arzt meinte damals zu meinen Gedanken nur: „Eine Ultraschalluntersuchung ist für das Kind völlig harmlos und für uns ist sie sehr wichtig, um die Gesundheit und das Wohlbefinden Ihres Kindes beurteilen zu können." Mama, du weißt ja, dass ich nicht sonderlich auf den Mund gefallen bin, aber dazu fiel mir nichts mehr ein.

Wir werden wohl auch in dieser Schwangerschaft die vorgesehenen Ultraschalluntersuchungen machen lassen. Vielleicht kann ich dir nach dem nächsten Termin beim Frauenarzt schon sagen, ob du einen Enkel oder eine Enkelin bekommst. Ich tippe ja auf ein Mädel, Torben ist sich sicher, dass wir wieder einen Jungen bekommen.

Also abwarten. Ist ja auch egal. Hauptsache gesund, oder?

Liebe Grüße, deine Große

Liebe Grama,

der Hauskauf ist über die Bühne gegangen und die Renovierungsarbeiten sind vergeben. Nun geht alles seinen Weg. Als ich heute mit Torben, Fynn und Timmi in unserem neuen Haus war, kamen mir die Tränen. Ja, ja, die Schwangerschaftshormone. Aber ich war so glücklich, als ich da mit meiner kleinen Familie stand. Das Haus ist einfach wunderschön! Vielleicht gefällt es mir deshalb so gut, weil ich genau weiß, dass du es auch sehr mögen würdest. Überall große Fenster, die die Sonnenstrahlen hineinlassen. Es wäre ideal für dich zum Einrichten eines Zeichenateliers. Zum Glück habe ich noch viele deiner schönen Bilder. Im neuen Haus werde ich endlich den Platz haben, um einige davon aufhängen zu können.

Die Staubkörner wirbelten im Sonnenlicht um die Wette, und Fynn purzelte durch die leeren Räume. Bestimmt hättest du diese Szene sofort in einer spontanen Skizze eingefangen. Ich bin gespannt, wie sich unsere Möbel im Haus machen.

Übermorgen muss ich zur Kontrolle zum Arzt. Torben kommt wieder mit, denn er möchte sich die ersten Bilder seines Kindes nicht entgehen lassen. Sicher, ich könnte ihm die Ultraschallbilder ausdrucken lassen, aber live dabeizusein ist – trotz der gemischten Gefühle – doch etwas ganz Besonderes.

Liebe Grüße, deine Große

Liebe Grama,

diesmal ist mir nur minimal übel. Nichts im Vergleich zu der Schwangerschaft mit Fynn. Das kleine Wesen in mir wird von Tag zu Tag mehr ein Teil von mir. Es klingt vielleicht unglaublich, aber meine Liebe umhüllt unser ungeborenes Kind bereits.

Fynn haben wir noch nicht gesagt, dass er ein großer Bruder wird. Ich möchte erst die Ultraschalluntersuchung abwarten.

Torben versteht mich nicht, und ehrlich gesagt weiß ich auch selber nicht, wieso ich es Fynn noch nicht ankündigen will. Leider spielen mir die Hormone in dieser Schwangerschaft übel mit. Ich bin absolut weinerlich und mache mir Sorgen wegen des Kindes.

Ja, ich weiß, was du jetzt sagen würdest: „So kenne ich dich ja gar nicht."

Eben, so kenne ich mich auch nicht. Wieso ist das so? Die kleinste Bemerkung von Torben bringt mich auf die Palme, und Fynns erste Trotzanfälle machen mich völlig fertig. Meine Güte, das ist echt anstrengend.

Aber vor allem belasten mich die Sorgen um das Kind in meinem Bauch sehr. Ich achte übergenau auf Anzeichen einer Blutung und habe Angst vor jeden Toilettengang. Außerdem habe ich Gewissensbisse, wenn ich auch nur den Staubsauger hochhebe. Klingt wirklich nicht nach mir, oder?

Ich hoffe, das gibt sich noch, denn ich wünsche mir auch für dieses Kind eine Wassergeburt zu Hause. Bei Fynn haben wir unsere Hebamme erst bei Beginn der Presswehen angerufen, und als sie dann bei uns zu Hause eintraf, war nur eine halbe Stunde später unser kleiner Schatz auf der Welt. Viel zu tun hatte die Hebamme jedenfalls nicht bei der Geburt.

So möchte ich es auch für das neue Baby. Am liebsten wäre ich diesmal bis zum Schluss ganz alleine mit Torben. So hatte ich es mir jedenfalls immer vorgestellt. Und nun diese Sorgen, ob auch alles gut geht, ob keine Blutungen einsetzen, ob eine Hausgeburt auch diesmal möglich ist und so viele Gedanken mehr.

Im Moment verstehe ich mich einfach selber nicht. Zumindest aber bin ich schon auf der Suche nach einer neuen Hebamme.

Liebe Grüße, deine Große

21. JULI

Liebe Grama,

nach einer intensiven Recherche und einigen Telefonaten habe ich mich für eine Hebamme entschieden. Gestern war ich zu einem ersten Gespräch in dem Geburtshaus, das sie mit zwei anderen Hebammen führt. Sie war mir am Telefon schon sehr sympathisch und dieser Eindruck hat sich bestätigt.

Susanne hat sich sehr viel Zeit für mich genommen und wir haben lange über meine Wünsche für die Geburt gesprochen. Sie war sehr offen. Außerdem konnte ich ihr von meinen Ängsten um mein ungeborenes Kind erzählen. Sie hat mir zugehört und ich fühlte mich ernst genommen.

Sie hat mich dann auch untersucht und es war alles in Ordnung. Das Herz unseres Kindes schlägt kräftig und regelmäßig. Es war so schön, den Herztönen zu lauschen. Der Besuch bei Susanne hat mich sehr beruhigt. Es passt einfach alles wunderbar, denn kurz nach unserem Umzug in einigen Wochen startet ein Geburtsvorbereitungskurs im Geburtshaus. Susanne wird ihn leiten.

Eigentlich brauche ich sowas nicht mehr, durch die Geburt von Fynn fühle ich mich noch immer sehr fit in diesen ganzen Schwangerschafts- und Geburtsdingen. Doch so lerne ich auch gleich neue Leute kennen, die auch ein Baby erwarten. Darauf freue ich mich schon sehr.

Es ist so schade, dass du deine Enkelkinder nicht kennenlernen kannst. Ich glaube, es ist noch einmal etwas ganz anderes, als Groß-mutter auf die Welt und auf Kinder zu blicken. Vielleicht mit mehr Ruhe,

Gelassenheit und Vertrauen in das Werden. Du hättest Fynn und dem Baby sicher viel von dir mitgegeben. Und dazu kommt: Manchmal fühle ich mich echt alleine.

Klar, ich habe Torben und Fynn und bald auch ein weiteres Kind, aber mir fehlt es einfach, noch mehr Menschen in der Familie zu haben, mit denen ich reden kann, offen sein kann. Mal eben nebenan klingeln und dir „Hallo" sagen, mit dir im Frühling Blumen einpflanzen.

Auch Papa fehlt mir in der letzten Zeit. Torben redet zwar nicht darüber, doch ich bin sicher, er vermisst seine Eltern auch.

Na ja, durch Lamentieren wird es auch nicht besser. Wie war das noch mit den positiven Gedanken?

Liebe Grüße, deine Große

26. Juli

Liebe Grama,

es macht Spaß, jeden Tag in das neue Haus zu fahren. Es ist zwar viel Fahrerei, aber ich genieße die Zeit dort immer sehr. Ich mache mich langsam mit allem vertraut, beaufsichtige die Arbeiten und plane Veränderungen im Garten.

Manchmal kommt meine Freundin Yvonne auf einen Schwatz vorbei. Jetzt wohnen wir ja wieder viel näher zusammen und können uns häufiger sehen. Da wir bisher nur provisorische Möbel haben und noch keine Küche, bringt sie immer Tee mit.

Ich kann es manchmal noch gar nicht glauben, dass wir bald dort richtig wohnen werden. In der Nähe unserer Freunde, in einem eigenen Haus mit Garten. So schön. Auch unsere Fahrräder haben wir mittlerweile dort. Torben hat letzte Woche einen Fahrradanhänger für Fynn gekauft, und am Wochenende haben wir von Lichterburg aus eine tolle Radtour zu dritt gemacht. Fynn hatte einen Heidenspaß in dem neuen Anhänger. Torben ist wie ausgewechselt, unser ganzes Familienleben hat sich positiv verändert. Weißt du, dass ich dir für deine Gedanken und Ideen, die du an mich weitergegeben hast, sehr dankbar bin?

Liebe Grüße, deine Große

··········

02. AUGUST

··········

Liebe Grama,

nun, da sich mein Leben immer mehr auf Lichterburg ausrichtet, werde ich mir auch einen neuen Frauenarzt und auch gleich einen neuen Kinderarzt suchen.

Yvonne hat mir schon einen Tipp gegeben. Wir werden ja während der Schwangerschaft umziehen, und da möchte ich mit zunehmendem Bauchumfang nicht mehr regelmäßig so eine weite Strecke zum Arzt fahren müssen.

Liebe Grüße, deine erwartungsvolle Große

Liebe Mama,

es ist alles so schrecklich. Mama, das Baby in meinem Bauch kann nicht weiterleben. Absolut und mit aller Härte nicht. Es hat eine Anenzephalie, ihm fehlen wichtige Teile vom Gehirn und die Schädeldecke ist nicht geschlossen. Das Baby wird kurze Zeit nach der Geburt sterben, vielleicht aber auch schon vorher.

Mama, was soll ich denn jetzt machen? Mama, wieso wir? Warum? Was haben wir denn verbrochen?

Es ist ein Mädchen. Bei der Ultraschalluntersuchung vor zwei Tagen wurde festgestellt, dass das Köpfchen zu klein ist. Der Arzt brummelte: „Das Gerät ist wohl defekt." Dann schickte er uns in eine Spezialklinik in der nächsten Stadt, die ein besonderes Ultraschallgerät hat. Ich war wie gelähmt und konnte nicht mehr klar denken. Torben hat den Arzt gefragt, was denn los sei, was die Meinung des Arztes sei, ob es eine Diagnose gebe, doch der Arzt war kurz angebunden und wollte sich auf keine Aussage festlegen. Er wirkte kühl und distanziert, so kannte ich ihn gar nicht. In der Schwangerschaft mit Fynn habe ich mich bei ihm immer sehr gut aufgehoben gefühlt.

Der Weg zur Klinik war furchtbar. Ich habe mich die ganze Zeit gefragt, ob das Gerät wohl wirklich defekt und was hier eigentlich los ist. Meine Hände haben so gezittert, dass ich nie und nimmer Auto gefahren wäre. Zum Glück war Torben dabei.

In der Klinik wussten die Ärzte schon Bescheid und wir mussten nicht lange warten. Im Untersuchungsraum war es absolut still. Nur mein Herz pochte so laut, dass ich mir sicher war, dass es jeder hören musste. Als ich auf der Liege lag und der Arzt das Gel für den Ultraschallkopf auf meinem Bauch verteilte, bekam ich Panik. Ich wollte weg und nichts sehen und hören. Irgendwie wusste ich, dass etwas mit unserem Kind nicht stimmt. Etwas Gravierendes. Torben nahm meine Hand und drückte sie fest. Ich glaube, sonst wäre ich wirklich einfach weggelaufen wie ein kleines Kind.

Wortlos und mit angespanntem Gesichtsausdruck führte der Arzt den Schallkopf über meinen Bauch, über unser Kind. Ich sah Torben an und wusste, dass er auch große Angst hatte. Gemeinsam schauten wir dann auf den Monitor vom Ultraschallgerät. Die Minuten zogen sich unerträglich in die Länge und die Stille im Raum war furchteinflößend. Nur das deutlich sichtbare Pulsieren des Herzens unseres Kindes im Ultraschallbild konnte mich etwas beruhigen.

Endlich setzte der Arzt den Schallkopf ab und sah uns seufzend an. Die Worte, die er dann sagte, werde ich nie mehr vergessen: „Es tut mir leid, aber Ihr Kind hat eine schwere Fehlbildung, es ist außerhalb des Mutterleibes nicht lebensfähig." Ich wischte mir mit einem Tuch den Bauch sauber und sah ihn fassungslos an. Daraufhin führte er uns in ein Besprechungszimmer und erklärte uns alles genau. Er riet uns zu einer Abtreibung. Dafür würden sich fast alle betroffenen Eltern entscheiden, sagte er. Sehr wahrscheinlich würde das Kind schon vor der Geburt sterben, dann müsste eine Geburtseinleitung gemacht werden und das Kind würde tot auf die Welt kommen. Es sei unsinnig, ein so stark behindertes Kind neun Monate auszutragen, da es sowieso sterben würde. Jetzt wäre eine Abtreibung noch einfach durchzuführen, da die Fehlbildung so früh in der Schwangerschaft entdeckt wurde und das Kind noch sehr klein sei. Wenn wir wollten, könnten wir sofort einen Termin vereinbaren. Das wäre sicher das Beste, meinte er.

Seine kühlen Worte waren wie Peitschenhiebe für mich. Ich war so geschockt, dass ich Mühe hatte, ihm zuzuhören. Meine Gedanken schweiften immer wieder ab: Was hatte der Arzt gesagt, was ich tun solle? Unser Kind umbringen? Die Schwangerschaft beenden? Das geht doch nicht, unser Kind umbringen, das kleine Wesen, das mir anvertraut ist und dessen Herz ich vorhin so deutlich habe schlagen sehen. Nein!

Meine ganzen Vorstellungen von unserer Zukunft brachen in mir zusammen. Kein Stillen, keine Innigkeit und keine Harmonie zu viert. Während der Arzt erzählte, sah ich die vielen Bilder von gesunden, süßen Babys an der Wand. Fynn war genauso ein süßes Baby gewesen und ich hatte selbstverständlich gedacht, dass auch das Baby in meinem Bauch so sein würde.

Ich konnte mich nicht konzentrieren und wusste nicht, was ich sagen sollte. Eine Weile blieb es in dem Besprechungszimmer ruhig, dann hörte ich, wie Torben die Luft tief durch die Nase einsog und sagte: „Wir überlegen uns das zu Hause in Ruhe, das können wir nicht jetzt sofort entscheiden." Ich war Torben für diese Worte so dankbar, denn er hat damit Verantwortung für mich und das Kind übernommen. In dieser Situation, mit dem strengen Desinfektionsmittelgeruch in der Nase und einem Kopf, der wie leergefegt war, hätte ich das nicht gekonnt.

Der Arzt schien mit Torbens Worten nicht zufrieden zu sein. Kurz angebunden vereinbarte er einen neuen Termin für uns. Wie in Trance stieg ich schließlich in unser Auto und wir fuhren wortlos nach Hause.

Als eine Freundin Fynn nach Hause brachte, merkte sie sofort, dass etwas Schlimmes passiert sein musste. Ich nahm jedoch nur wortlos Fynn auf den Arm und ging hinein. Nachdem er in seinem Bettchen ruhig und friedlich schlief, standen Torben und ich noch lange Hand in Hand und beobachteten ihn in seinem tiefen Schlaf. Wir standen zwar zusammen, aber wir konnten nicht miteinander reden und das Unfassbare aussprechen. Immer noch schweigend gingen wir zu Bett.

Mitten in der Nacht wachte ich auf und fing hemmungslos an zu weinen. Bis zum Morgen weinte ich in Torbens Armen. Er versuchte, stark zu sein und mich zu trösten, aber später hörte ich ihn in der Küche leise schluchzen.

Mama, ich konnte nicht zu ihm gehen, ich wäre zusammengebrochen. Ach Mama, ich brauche dich jetzt, du fehlst mir so.

Ich bin so verzweifelt! Deine Große

Liebe Grama,

ich stehe noch immer unter Schock.

Wir hatten uns auf das neue Baby gefreut, alles sah so gut aus.

Vielleicht hat der Arzt sich ja auch geirrt und es gibt doch eine Chance für unser Kind?

Ich kann es einfach nicht glauben.

Bitte, bitte, nicht unser Kind!

Deine Große

Liebe Grama,

morgen haben wir einen Termin in einer anderen Klinik. Außerdem habe ich auch gleich einen Termin in der Frauenarztpraxis in Lichterburg gemacht.

Ich kann und will es nicht glauben. Das kann einfach nicht sein. Ich müsste doch merken, wenn es unserem Kind nicht gutgehen würde. Ich bin doch die Mutter.

Du hättest doch bestimmt auch gemerkt, wenn mit mir damals etwas nicht in Ordnung gewesen wäre. Es kann nur ein Irrtum der Ärzte oder aber der Technik sein.

Liebe Grüße, deine hoffnungsvolle Große

Liebe Grama,

hatte ich deswegen immer Sorgen um unser ungeborenes Kind? War es eine Vorahnung? Heute waren wir in der anderen Klinik für eine zweite Meinung. Fynn haben wir bei Yvonne gelassen.

An der Anmeldung mussten wir wieder endlose Fragebögen ausfüllen, das ist so nervenaufreibend, immer wieder dasselbe beschreiben zu müssen. Dann haben wir eine gefühlte Ewigkeit im Wartebereich verbracht.

Mama, es waren so viele schwangere Frauen dort, ich habe es fast nicht aushalten können. Viele wurden von den Vätern des Kindes begleitet. Die Wartezeit war so quälend für mich. So viele glückliche Gesichter um mich herum, und ich mit meinem Baby im Bauch, das nicht leben konnte, das sterben würde.

Torben hat immer wieder meine Hand genommen. Ohne ihn wäre es noch unerträglicher gewesen.

Endlich wurden wir aufgerufen. Eine Ärztin holte uns in das Untersuchungszimmer. Sie war sehr mitfühlend und hat sich viel Zeit genommen, um uns alles während der Untersuchung zu erklären und unsere Fragen zu beantworten. Die Atmosphäre mit ihr war ganz anders als in der vorigen Klinik, bei dem anderen Arzt. Ich habe mich ernst genommen gefühlt. Die Ärztin nahm sich auch für den Ultraschall viel Zeit und warf das Ultraschallbild mit dem Beamer an die Wand.

Zum ersten Mal konnten wir unsere kleine Tochter richtig sehen. Sie war so schön. Alles war da, die kleinen Füßchen, die Händchen, aber leider auch die Verformung an ihrem Kopf und die fehlenden Gehirnstrukturen. Sie zappelte genau wie Fynn damals.

Wieso nur hatte sie diese Fehlbildung?

Sie wirkte so lebendig und wir konnten sehen und hören, wie ihr kleines Herz schlug. Ich fing leise an zu weinen und aus den Augenwinkeln sah ich, wie Torben sich über die Augen wischte. Die Ärztin ließ uns einen Moment allein, damit wir Zeit hatten, uns zu beruhigen. Dafür war ich ihr sehr dankbar. Als sie wiederkam, waren wir so weit wiederhergestellt, dass wir unsere Fragen stellen konnten. Wir haben uns im Internet über diese seltene Fehlbildung informiert. Trotzdem hatten wir noch viele Fragen, die sie auch alle beantworten konnte. Aber alle Fragen haben immer und immer wieder nur zu dem einen Punkt geführt: Unser Baby wird nicht überleben.

Die Ärztin meinte, es gebe verschiedene Theorien über die Ursache dieser Fehlbildung. Sie würde bereits ganz am Anfang der Schwangerschaft entstehen.

Weißt du, wie schlecht ich mich jetzt fühle?

Was, wenn ich schuld an der ganzen Situation bin? Vielleicht hätte ich Vitamintabletten nehmen oder mehr Obst essen sollen.

Das macht mich echt fertig.

Grama, ich brauche dich jetzt. Bitte. Deine Große

....

07. AUGUST

....

Liebe Grama,

ich mache mir noch immer Vorwürfe und suche nach Ursachen für die Fehlbildung. Irgendetwas müssen wir doch falsch gemacht haben.

Torben sagt, Selbstvorwürfe führten zu nichts. Vielleicht fühlt er sich aber auch selbst schuldig, denn er war ja am Anfang der Schwangerschaft nie für uns da, hatte keine Zeit und hat mich alles machen lassen.

Jetzt werde ich gerade ungerecht, oder? Aber da ist so viel Wut in meinem Bauch, doch kein Kind mehr. Natürlich ist es da, aber ich fühle es nicht. Es hat sich etwas in mir verhärtet, verschlossen – die ganze Liebe, die ich für unsere Tochter empfunden habe, ist wie weggeweht. Wenn ich mich nicht schwanger fühle, dann kommt es vielleicht von alleine zu einer

Fehlgeburt, dann müsste ich gar keine Entscheidung treffen. Dann würde sich alles von alleine klären.

Ach Mama, sind das nicht alles schreckliche Gedanken? Während ich dir das hier schreibe, tropfen Tränen auf das Blatt. Wieso wir?

Ich brauche Halt! Deine Große

08. AUGUST

Liebe Grama,

ich hatte heute den ersten Termin in der neuen Frauenarztpraxis in Lichterburg. Eine sympathische Ärztin hat mich untersucht. Torben war auch dabei.

Sie ist mit uns in Ruhe die zwei Möglichkeiten durchgegangen: die Abtreibung und das Weitertragen. Diesen Begriff hatte ich zuvor noch nie gehört, aber ich finde, er passt. Sie war sehr ruhig. Das tat gut. Doch die Entscheidung kann sie uns nicht abnehmen. Sie sagte, dass wir uns Zeit für diese Wahl nehmen sollen.

Natürlich weiß ich auch, dass eine Abtreibung immer aufwendiger wird, je weiter die Schwangerschaft vorangeschritten ist. Der weibliche Körper wehrt sich gegen eine vorzeitig eingeleitete Geburt, er möchte das ungeborene Kind beschützen und entwickelt oft keine oder nicht ausreichende Wehen. Deshalb dauert eine Spätabtreibung manchmal tagelang.

Ich kann nicht mehr. Mama, du fehlst mir so. Was soll ich denn jetzt machen? Wie soll es weitergehen? Was hättest du denn getan?

Die Kinder mit dieser Fehlbildung kommen manchmal auch lebend auf die Welt, aber dann sterben sie meist nach zwei bis drei Tagen. In sehr seltenen Fällen leben sie auch länger. Höchstwahrscheinlich kann das Baby nicht einmal trinken.

Wieso muss ich mich jetzt entscheiden? Das will ich nicht. Ich fühle mich so unter Druck gesetzt, doch wenn ich noch länger warte, wird die Abtreibung immer schwieriger. Ich bin noch immer so geschockt und wie paralysiert. Ich kann nicht klar denken, meine ganze Welt ist zusammengebrochen.

Und trotzdem sind da noch Fynn, Torben, Timmi und der Umzug in das neue Haus. Alles scheint normal, die Erde dreht sich weiter und jeden Morgen geht die Sonne auf. Nur für uns nicht mehr. Alles ist dunkel und schwarz.

Fynn merkt auch, dass etwas nicht stimmt, weil ich so oft weine. Der kleine Kerl tut mir so leid. Ich bin gar nicht richtig anwesend. Funktioniere, aber lebe nicht.

Mama, es wäre so schön, wenn du bei mir sein könntest, wenn du mich wie früher trösten könntest und Zeit für mich hättest. Mit dir könnte ich bestimmt reden. Dir könnte ich mich anvertrauen, das fühle ich genau. Ihr alle – Papa, du, meine Schwiegereltern – fehlt mir sehr. Mit wem soll ich denn reden? Wer kann mir helfen?

Torben ist zurzeit noch maximal in seinem alten Job eingespannt, da er seinen Nachfolger einarbeiten muss. Er nimmt sich viel Zeit, um mich zu den Untersuchungen zu begleiten. Doch sonst reden wir nicht viel, sind isoliert voneinander. Selbst mit unseren Freunden kann ich nicht sprechen. Da bin ich einfach nicht offen genug im Moment. Und sogar gegenüber meiner Hebamme Susanne schweige ich. Es schnürt mir die Kehle zu, obwohl sie bestimmt jemand wäre, mit dem ich reden könnte.

Ich hatte die Erstlingsausstattung schon gewaschen und rausgelegt. Nun kann ich die Sachen nicht anschauen, ohne in Tränen auszubrechen. Was soll denn nun werden?

Du hast mir immer beigebracht, dass alles im Leben zwei Seiten hat. Es gebe immer etwas zu lernen, auch bei unangenehmen Situationen. Selbst als ich damals in der Schule sitzengeblieben bin, hast du diesen Standpunkt vertreten.

Doch was ist nun? Wo ist hier die zweite Seite? Ich sehe nur den Tod unseres Kindes, sonst nichts. Egal, wie wir uns entscheiden, unser Kind wird sterben.

Eltern sterben vor ihren Kindern, nicht andersherum. So ist das doch nicht richtig, das kann doch alles nicht sein.

Was gibt es denn hier zu lernen?

Grama, ich wünschte, du könntest mich jetzt in den Arm nehmen.

Deine Große

....

09. AUGUST

....

Liebe Grama,

meine Gedanken drehen sich im Kreis.

Das Baby wird nicht überleben. Das ist das Einzige, was wirklich klar ist. Wir haben jeder für sich so viel gelesen und auch noch einen Termin in einer Genetischen Beratungsstelle gehabt. Es gibt keine Zukunft für unser Baby, es wird sterben.

Im Moment fühle ich mich so leer, dass ich nicht mal mehr registriere, dass ich schwanger bin. Es ist, als hätte ich dieses Gefühl abgestellt. Keine Wärme für das kleine Wesen in meinem Bauch, keine Liebe. Es ist alles tot in mir. Wo sind denn meine ganzen Gefühle hin? Es ist doch meine Tochter, sie gehört doch zu mir. Unseren Freunden haben wir es noch immer nicht gesagt. Was sollen wir denn auch sagen?

Ich will die Wahrheit nicht akzeptieren.

Es ist einfach zu schrecklich, zu endgültig.

Und Mama, weißt du, wie so ein Kind mit einer Anenzephalie aussieht, wenn es auf die Welt kommt?

Egal, was du dir vorstellst, du wirst der Wahrheit nicht im Geringsten nahekommen. Die Kinder sehen einfach furchtbar aus. Sie haben keine Stirn, der Kopf fällt nach den Augenbrauen flach ab, und sie haben im Schädel eine offene Stelle, eine Wunde.

Das ertrage ich einfach nicht. Deine Große

10. AUGUST

Liebe Grama,

in meinem Brief gestern habe ich mich wohl etwas hart ausgedrückt, aber das Baby sieht wirklich ganz anders aus als normale Babys. Echt schlimm, und ich denke auch daran, was unsere Freunde sagen würden. Mit einem behinderten Kind ist man doch gleich abgestempelt, oder nicht? Auf jeden Fall auffällig.

Stell' dir mal vor, wir hätten keinen Ultraschall gemacht, dann wären wir bis zum Schluss der Meinung gewesen, wir bekämen ein gesundes Kind. Der Schock bei der Geburt wäre noch viel größer gewesen. So habe ich die Wahl, ich kann entscheiden, ob es mit der Schwangerschaft weitergeht oder nicht.

Nein, ich will dieses Kind nicht, so nicht. Auf keinen Fall. Das halte ich einfach nicht aus. Wozu auch? Es überlebt ja sowieso nicht. Wieso etwas in mir tragen, das keine Zukunft hat?

Wir möchten doch weitere Kinder. Und dann müssen wir ja wieder eine ganze Zeit warten, bis Fynn ein Geschwisterchen bekäme. Die ganze Zeit verschwendet, und ich habe alle Belastungen einer Schwangerschaft und die Schmerzen und Risiken einer Geburt. Vielleicht ist ein Kaiserschnitt nötig, dann habe ich für immer eine Narbe, die mich zeit meines Lebens an dieses Kind erinnern wird. Das will ich alles nicht.

Doch gleichzeitig schleichen sich auch andere Gedanken ein: Während ich dir das hier schreibe, habe ich so ein schlechtes Gewissen. Wo ist meine Fürsorge für unsere Tochter geblieben? Ich schreibe und denke nur noch an „das Kind", aber nicht an unsere Tochter. Wo ist denn bloß meine Liebe hin? Ich fühle mich noch immer wie in einer Schockstarre, in einer Gefühls-Schockstarre. Weißt du, was ich meine?

Auf der anderen Seite diese unbändige Wut in mir. Ich könnte den ganzen Tag nur schreien wegen dieser Ungerechtigkeit.

Mit Torben kann ich noch immer nicht richtig reden. Er kommt abends sehr spät nach Hause und verzieht sich nach dem Essen sofort in sein Arbeitszimmer. Das ist wohl seine Art, damit umzugehen. Ich bin ja auch nicht besser. Laufe wie betäubt durch die Gegend. Timmi kommt manchmal zu mir, stupst mich mit seiner Nase an und schaut mich mit seinen wachen Hundeaugen an. Er scheint zu spüren, dass etwas ganz und gar nicht stimmt in dieser Familie.

Tja, und die Welt dreht sich weiter, als wäre nichts passiert. Dass meine Welt eingestürzt ist, interessiert keinen. Ich könnte schreien. Immer nur schreien. Mir fehlen einfach deine Geborgenheit spendenden Arme, deine Ruhe und Ausgeglichenheit. Du warst immer ein Ruhepol in meinem Leben. Egal, was mir passiert ist, welche Probleme ich auch hatte, immer konnte ich dir alles erzählen, und zusammen haben wir nach Lösungen gesucht. Das fehlt mir unglaublich.

Mir wird jetzt gerade bewusst, wie ankerlos ich mich seit deinem Tod fühle. Mir fehlt die Erdung – die habe ich noch nicht wiedergefunden. Nun treibe ich erst recht dahin und fühle mich so schrecklich hilflos und der Situation ausgeliefert.

Ich bin 32 Jahre alt und fühle mich wie ein kleines Kind, das sich nach dem Schoß der Mutter sehnt.

Sehnsuchtsvolle Grüße, deine Große

Liebe Grama,

wieso passiert uns das? Ich kann es einfach nicht verstehen.

Es sah doch alles so gut aus. Torbens neuer Job, die Aussicht auf mehr Zeit für die Familie, das neue Haus. Irgendwo muss doch ein Fehler sein, etwas haben wir nicht richtig gemacht. Aber was?

Zu viel Stress in der letzten Zeit? Zu wenig Vitamine? Folsäure habe ich auch nicht von Anfang an genommen, da ich ja nicht wusste, dass ich schwanger bin. Bei Fynn hatte ich mich viel besser auf die Schwangerschaft vorbereitet. Monate vor Beginn schon keinen Alkohol mehr getrunken, extrem auf ausgeglichene Ernährung geachtet, Vitamintabletten und Folsäure genommen. Ich hatte versucht, mein Leben zu entschleunigen, und dieses Mal bin ich mitten im Alltagsstress ungeplant schwanger geworden. Einfach so, keine Vorbereitung möglich. Vielleicht ist es das, denn irgendwer muss doch Schuld haben. Wieso habe ich bei der Verhütung nicht besser aufgepasst?

So viele Fragen. Ach Mama.

Ich bin übers Wochenende mit Fynn und Timmi zu Yvonne, meiner Freundin, gefahren. Ich halte es zu Hause nicht mehr aus. Torben war echt irritiert und hat mir mit einem verzweifelten Gesichtsausdruck hinterhergeschaut, als ich mit dem Auto weggefahren bin. Im Rückspiegel konnte ich sehen, wie er ganz klein und einsam in der Tür stand.

Am liebsten wäre ich sofort umgedreht. Aber wir reden einfach nicht miteinander. Ich brauche Abstand. Weißt du, ich habe auch Angst davor, dass Torben und ich nicht mehr zusammenfinden. Dass wir in der Wortlosigkeit verharren.

Was, wenn wir nicht stark genug sind, um das hier durchzustehen? Egal, ob wir abtreiben oder nicht. In jedem Fall ist es schlimm. Wir leiden doch jetzt schon jeder für sich wie verrückt.

Auch eine Abtreibung ändert das erstmal nicht. Die Gedanken, die Trauer und Gefühle gehen dann ja nicht einfach weg. Diese Geschichte wird uns in jedem Fall noch eine lange Zeit begleiten. Irgendwann bin ich dann vielleicht wieder schwanger, und dann?

Mit Sicherheit begleiten diese neue Schwangerschaft Ängste und Sorgen von uns. Der Arzt hat schon bei der ersten Beratung gesagt, dass es sehr unwahrscheinlich sei, dass wir nochmal ein Kind mit einer Anenzephalie erwarten würden. Aber was, wenn doch? Oder wenn es zu anderen Behinderungen kommt?

Mama, ich bin so voller Panik im Moment, dass ich überhaupt nicht klar denken kann. Ich bin mir aber sicher, dass ich dieses Kind nicht möchte. Mir ist das alles zu viel im Moment. Ich brauche Zeit. Zeit, die wir nicht haben. Hier wird in Tagen gemessen, und nicht in Wochen.

Ich fühle mich so schrecklich allein und ich habe Angst davor, dass Torben und ich diese Extremsituation nicht überstehen, dass unsere Ehe daran zerbricht.

Und was ist mit Fynn? Wie wird er das alles erleben?

Er ist doch noch so klein.

Ich bin voller Panik. Deine Große

Liebe Grama,

ich kann einfach nicht einschlafen, es schwirren zu viele quälende Gedanken in meinem Kopf herum.

Nun bin ich ja bei Yvonne. Natürlich musste ich ihr erzählen, was los ist. Sie war ziemlich geschockt, als ich ihr die Wahrheit gesagt habe. Aber mehr konnte ich auch nicht preisgeben, nicht mit ihr über meine Gefühlswelt reden.

In meinem Innern brodelt und kocht es, die Wut schäumt fast über und ich habe Fynn schon einige Male wegen Kleinigkeiten angeschrien. Zum Glück kümmert sich Yvonne rührend um ihn und macht mit ihm und Timmi lange Spaziergänge. So habe ich viel Zeit zum Nachdenken und auch zum Lesen. Du weißt ja, wie ich mich an etwas festbeißen kann. Aber in diesem Fall führt es immer wieder nur zu der Erkenntnis, dass unser Kind nicht überleben wird. Egal, wie wir uns entscheiden.

Noch immer suche ich verzweifelt im Internet und in Fachbibliotheken nach Lösungsansätzen, hoffe auf eine Information, dass es vielleicht doch nicht so schlimm ist. Nachts kann ich nicht mehr durchschlafen und wache oft schluchzend auf, weil ich im Traum ein missgebildetes Baby gesehen habe. Unser Baby.

Mein Baby, Grama! Deine Große

Liebe Grama,

du bist die Einzige, der ich alles so schreiben kann, wie ich es fühle. Alle anderen würden sich vor mir erschrecken, aber du kennst mich so gut.

Ich distanziere mich immer mehr von dem Kind in meinem Bauch. Ich möchte nicht neun Monate umsonst schwanger sein, um dann sofort nach der Geburt zur Beerdigung unseres Kindes zu fahren.

Was hatte ich dir neulich geschrieben? Ob Mädchen oder Junge ist doch egal, Hauptsache gesund. Das kommt mir vor, als wäre es vor Jahren gewesen.

Wollen nicht alle Eltern gesunde Kinder bekommen? Nie im Traum hätte ich daran gedacht, dass uns so etwas passieren könnte. Ich lese noch immer viel im Internet und sauge Erfahrungsberichte von Eltern mit solch einem schwierigen Befund in der Schwangerschaft in mich auf. Es gibt auch Berichte von Familien, die sich dafür entschieden haben, das Kind auszutragen.

Allerdings kann ich mir das für mich nicht vorstellen. Es geht hier ja auch nicht um beispielsweise eine Trisomie 21-Erkrankung unseres Kindes. Das wäre eine völlig andere Situation, denn ein solches Kind ist zumeist lebensfähig und hat auch gute Chancen auf ein menschenwürdiges Leben. Da wäre für mich eine Abtreibung keine Alternative.

Aber unser Kind hat überhaupt keine Chance. Es tut einfach nur weh, egal, wie es weitergeht. Und so richtig lasse ich das alles nicht an mich heran.

Torben fehlt mir. Die Gespräche mit ihm und seine Nähe. Morgen fahre ich wieder nach Hause. Hier, bei Yvonne, komme ich nicht zur Ruhe. Wie auch? Torben und ich müssen miteinander reden, und das fällt mir so schwer. Vielleicht melde ich mich auch im Internet in einer Selbsthilfegruppe an. Wir brauchen Hilfe.

Das Schlimmste ist, dass mein Bauch wächst. Die Zeit läuft mir davon. Abtreiben oder nicht? Was soll ich machen? Ich bin mir sicher, dass ich das Kind beziehungsweise die Schwangerschaft mit diesem Kind nicht will. Morgen rede ich mit Torben, ich muss einfach. In vier Tagen ist der nächste Beratungstermin.

Du fehlst mir. Deine Große

Liebe Grama,

meine Gedanken drehen sich immer noch wie ein Kettenkarussell. Heute Abend hat Torben mich an die Hand genommen und wir haben uns aufs Sofa gesetzt. Zuerst saßen wir einfach nur stumm, Hand in Hand, nebeneinander. Dann fing er an zu reden. Ihm geht es genauso wie mir. Alles ist dunkel und trüb in ihm. Er weiß auch nicht, wie es weitergehen soll, was wir machen sollen. Er hat mir gesagt, dass er mich liebt und dass er glücklich mit mir und Fynn ist. Aber auch, dass er sich riesig auf das neue Baby gefreut hat.

Wir haben lange über unser bisheriges Leben geredet. Es war schön und ich habe gemerkt, dass ich Torben trotz aller Differenzen der letzten Zeit liebe. Wir sind zwar nicht zu einem Ergebnis gekommen, aber wir reden wieder miteinander. Außerdem haben wir uns geschworen, dass wir immer zusammenhalten und für den anderen da sein wollen.

Irgendwie war es wie ein zweites Eheversprechen. Du weißt schon: In guten wie in schlechten Zeiten. Komisch, das sagt man bei der Trauungszeremonie so, weil es dazugehört, aber richtig über die Bedeutung dieser Worte nachgedacht habe ich damals nicht.

Es ist doch unglaublich schön, einen Menschen an der Seite zu haben, der einem in jeder Lebenssituation beisteht und mit dem man über alles reden kann. Gestern Abend habe ich mich Torben jedenfalls sehr nah gefühlt und wir haben das erste Mal wieder miteinander geschlafen. Vielleicht ist unsere schwierige Situation ja auch so gewollt? Sind Probleme und Krisen im Leben nicht dazu da, sie zu lösen oder zu überwinden?

Das hast du früher mit den zwei Seiten aller Dinge gemeint, so langsam verstehe ich es.

Ich möchte jedenfalls versuchen, noch einmal alle Argumente auf den Tisch zu legen, bevor wir uns endgültig entscheiden.

Liebe Grüße, deine Große

14. AUGUST

Liebe Orama,

etwas verändert sich in mir. Sind das die Schwangerschaftshormone? Noch ist es ganz leise, nur wie ein Flüstern, aber es ist da. Wie soll ich das beschreiben? Ich glaube, ich kann es am ehesten mit den Worten Liebe und Mitgefühl ausdrücken. Die Liebe zu meiner Tochter, die ich die ganze letzte Zeit nicht mehr gespürt habe, kommt zurück, fängt wieder an, mich mit ihr zu verbinden, uns zu umgeben.

Weißt du, da wächst etwas in meinem Bauch. Ein kleines Mädchen wächst heran. Ich bin ihre Mutter. Das ist doch Fakt, das ist einfach so. Wäre ihr Leben denn mehr wert, wenn sie gesund wäre?

Ich denke in den letzten Tagen auch öfter daran, dass ich deine Liebe immer gespürt habe, egal wie sehr ich zum Beispiel getrotzt und gezickt habe. Diese Liebe hat mich wie ein weicher Mantel eingehüllt. Sie war immer vor mir, neben mir und hinter mir. Einfach überall um mich herum. Ich bin dir so dankbar für diese Liebe.

Nun bin ich selbst Mutter. Ich habe immer versucht, deine Liebe, die mich immer noch erfüllt, an Fynn weiterzugeben, und natürlich wollte ich sie auch dem neuen Baby geben. Doch seit wir von der Erkrankung unsere Tochter wissen, habe ich nichts als Leere in meinem Bauch gefühlt. Wie sollte ich da Liebe weitergeben können?

Nun spüre ich wieder die Liebe. Das fühlt sich gut an. Trotzdem sehne ich mich nach einem Gespräch mit dir.

Ich vermisse dich! Deine Große

• •

15. AUGUST, 20 UHR

• •

Liebe Grama,

morgen ist der Beratungstermin. Gestern habe ich noch einmal lange mit Torben geredet und versucht, ihm meine Gefühle zu erklären. Das ist mir echt schwergefallen, weil mir selber nicht so richtig klar war, was ich eigentlich denke und fühle. Es ist so vielschichtig. Das hatte ich dir ja beim letzten Mal schon geschrieben.

Irgendwie ist für mich ein Kind ein Geschenk. Es gibt so viele Eltern, die sich sehnlichst ein Kind wünschen und es nicht bekommen können. Deshalb bin ich mir über mein Glück mit Fynn sehr wohl im Klaren. Über unser Familienglück.

Und nun ist da die neue Schwangerschaft. Unser Kind wird nicht überleben, das steht fest. Jede Schwangerschaft ist anstrengend, das weiß ich. Bisher habe ich ja gedacht, dass also alles umsonst wäre. Die ganze Anstrengung nutzlos, die ganze Zeit vergeudet für ein todgeweihtes Kind.

Aber ist es denn wirklich so?

Kann so eine Erfahrung nicht auch eine Entwicklung in unserem Leben sein, die uns weiterbringt? Durch die wir reifen können? Etwas, das Torben und mich noch mehr verbinden wird? Ich würde so gerne von mir sagen können, dass ich auch extreme und schmerzende Situationen im

Leben annehme, und dass ich mich nicht davor verschließe und emotional weglaufe. Hier geht es ja auch um unsere Tochter. Sicher wird sie auch Gefühle haben, etwas spüren, oder? Hat sie also nicht genauso wie Fynn ein Recht darauf, Liebe zu bekommen, in den Arm genommen zu werden?

Als Fynn in meinem Bauch war, haben wir ständig mit ihm geredet, ihm gesagt, dass wir ihn liebhaben und uns riesig auf ihn freuen. Sollen wir diese Liebe unserer Tochter verwehren? Mit welchem Recht? Nur weil sie behindert ist? Sie ist doch unsere Tochter und sie ist so, wie sie ist. Anders eben, aber doch genauso liebenswert.

Wie ist das für sie, wenn wir uns für eine Abtreibung entscheiden? Sie hat doch bestimmt auch in der letzten Zeit gespürt, dass etwas anders geworden ist, hat vielleicht sogar meine innere Ablehnung mitbekommen. Würde sie da nicht auch den Entschluss zur Abtreibung seelisch mitbekommen? Ich fühle mich so schlecht und habe unsere Tochter auch schon um Verzeihung gebeten.

Auf der anderen Seite mache ich mir Gedanken, was Freunde und Nachbarn denken werden, wenn wir ein behindertes Kind bekommen. Das ist doch eigentlich völlig verrückt. Die Meinung anderer könnte mir doch völlig egal sein. Ist sie aber nicht. Bin ich denn abhängig vom Urteil anderer? Wieso habe ich so eine Angst davor, anders zu sein, nicht normal zu sein? Doch diese Gedanken sollen meine Entscheidung für oder gegen die Schwangerschaft nicht beeinflussen.

Bestärkt fühle ich mich von Torben. Weißt du, was er heute Abend gemacht hat? Ganz zart hat er seine Hand auf meinen Bauch gelegt. Einfach so, ohne Worte. Das hat vieles verändert. Bisher war es so: Die ganze Zeit habe ich die Schwangerschaft innerlich abgelehnt und mich auch nicht schwanger gefühlt. Ich wollte sie nicht wahrhaben, wollte davor weglaufen. Mein Bauch hat nicht zu mir gehört und das Kind darin schon gar nicht. Durch diese sanfte Berührung von Torben sind mir mein Bauch und damit das Kind darin bewusster geworden. Ich weiß, das klingt völlig unlogisch. Aber so war es.

Ich schöpfe neue Hoffnung! Deine Große

Liebe Mama,

mal wieder kann ich nicht schlafen. Ich bin jetzt auch in einer Anenzephalie-Selbsthilfegruppe im Internet und habe unsere Geschichte dort eingestellt. Ich habe mich selbst über meine Offenheit gewundert, aber die Reaktionen haben mich bestätigt.

Es haben schon einige betroffene Familien geantwortet. Die meisten von ihnen haben sich wirklich für eine Abtreibung entschieden. Manche kommen mittlerweile damit zurecht und manche bereuen es, die Schwangerschaft abgebrochen zu haben.

Zwei Familien haben sich für das Weitertragen ihres Kindes entschieden und ihre Entscheidung nie bereut. Ein Kind starb im Mutterleib und wurde totgeboren, das andere kam lebend auf die Welt und lebte einen Tag.

Ich merke, wie die Geschichten meine eigene Wahrnehmung beeinflussen: Lese ich, dass sich jemand für eine Abtreibung entschieden hat und mit dieser Lösung gut leben kann, tendiere ich zu dieser Lösung. Wenn dann ein Bericht über eine ausgetragene Schwangerschaft mit schöner (ja, das gibt es wirklich!) Geburt kommt, meine ich, das wäre sicher die beste Variante.

Ach Mama, ich bin so hin- und hergerissen. Wenn ich mit dir sprechen könnte, würde ich sicher mehr das Gefühl haben, zu wissen, was das Beste ist.

Doch insgesamt finde ich, dass ich schon etwas weitergekommen bin: Nie hätte ich gedacht, dass ich derart offen im Internet unterwegs sein würde, und auch nicht, dass es mir guttun würde, mich mit betroffenen Eltern auszutauschen. Es sind zwar nur virtuelle Kontakte, aber trotzdem sind sie sehr intensiv.

Liebe Grüße, deine Große

Liebe Grama,

alles ist irgendwie anders, seitdem Torben seine Hand auf meinen Bauch gelegt hat.

Gestern war der Beratungstermin in der Klinik, wo wir vor Kurzem die zweite Meinung eingeholt hatten. Wir wurden nochmal über die Krankheit unserer Tochter aufgeklärt, über Risiken in der Schwangerschaft und bei der Geburt.

Weißt du, was mich total verwundert hat? Es ging nur um mich, also um Risiken für mich. Das Baby zählt bei den Ärzten gar nicht, da es nicht überleben wird. Als die uns unbekannte Ärztin relativ geradlinig und kühl über diese ganzen fachlichen Sachen geredet hat, ist mir innerlich ganz schlecht geworden.

Zum ersten Mal habe ich Beschützerinstinkte gehabt, als es um eine mögliche Abtreibung ging. Zum ersten Mal, wirklich zum ersten Mal habe ich das Kind in meinem Bauch als meine einzigartige Tochter wahrgenommen, die es zu schützen gilt. Vor den Ärzten und vor einer Abtreibung.

Die Ärztin hat zwar versucht, uns neutral zu beraten, aber hinter ihrer bemühten Fassade und ihrer medizinischen Neutralität habe ich ganz deutlich gespürt, was sie wirklich denkt.

Hinterher habe ich sie gefragt, was sie denn an meiner Stelle machen würde. Erst hat sie herumgedruckst und meinte, ihre persönliche Meinung dürfe sie nicht offen vor den Patienten vertreten. Als Torben und ich schon an der Tür waren, sagte sie aber doch, dass sie persönlich auf keinen Fall die Kraft hätte, so eine Schwangerschaft durchzustehen. Vielleicht auch, weil sie wüsste, wie anstrengend so eine besondere Schwangerschaft sei, und das nicht nur in körperlicher Hinsicht.

Torben hat das offenbar ziemlich zu denken gegeben. Nach dem Gespräch war er sehr verschlossen und wir sind wortlos nach Hause gefahren. Abends, als Fynn in seinem Bett war und wir im Wohnzimmer saßen, brach es aus ihm heraus. Hier die Kurzfassung: Er hat Panik bekommen,

dass mir durch diese Schwangerschaft etwas Ernsthaftes zustoßen könnte. Das würde er sich nämlich nie verzeihen. Er meinte, das wolle er auf
keinen Fall.

Wobei ich die Risiken nicht viel größer als bei einem normalen Ver-
lauf finde. Das Einzige, was ich bisher weiß: Eventuell wird mir mehrmals
Fruchtwasser punktiert werden müssen, da bei dieser Erkrankung zu viel
davon vorhanden ist, weil das Kind das Fruchtwasser nicht trinken kann.

Wir haben gestern Abend sehr lange über das Gespräch mit der Ärztin
nachgedacht. Für mich sind die Risiken vertretbar, und sollten wirklich
schwerwiegende Probleme auftreten, können wir jederzeit die Geburt ein-
leiten oder einen Kaiserschnitt machen lassen. Dass ich in diesem Fall für
immer eine Narbe als Erinnerung behalten werde, habe ich mittlerweile
akzeptiert. Es ist ja auch nur eine Lösung für den Notfall.

Mir dreht sich immer noch der Kopf, denn neue Empfindungen sind
dazu gekommen. Davon habe ich Torben auch erzählt. Er meinte schließlich, dass er die letzte Entscheidung für oder gegen eine Abtreibung mir
überlassen möchte, da es zwar unser Kind, aber mein Körper sei. Einerseits finde ich das einen unglaublichen Vertrauensbeweis, andererseits
ist es ganz schön schwierig, diese große Verantwortung allein zu tragen.

Das kannst du sicher verstehen. Auch in deiner Schwangerschaft gab
es bestimmt das Gefühl, dass letztlich du entscheiden darfst und musst,
was du tun möchtest.

Ich wüsste gern, was du in meiner Situation wohl gemacht hättest. So
aber kann ich nur vermuten.

Liebe Grüße, deine Große

Liebe Grama,

ich bin jetzt am Ende der 14. Schwangerschaftswoche und die Gefühle für unsere Tochter verstärken sich immer mehr.

In unserem Fall ist aufgrund der medizinischen Indikation eine Abtreibung in jeder Schwangerschaftswoche möglich, doch eine Entscheidung dafür kann ich mir mittlerweile eigentlich kaum noch vorstellen.

Ich fühle seit Tagen eine immer stärker werdende Liebe in mir. Für Torben, Fynn, aber eben auch für das Kind in meinem Bauch. Für unsere Tochter. Für das neue Leben in mir. Es ist, als würde sich mein ganzer Geist oder, besser gesagt, meine Seele zu unserer Tochter hinwenden. Meine Gedanken kreisen ständig um sie.

Die Gefühle sind nun anders als vorher, als ich noch nicht wusste, dass sie so schwer krank ist. Ich empfinde eine tiefe Liebe, die mit Wehmut und Mitleid gemischt ist. Liebe, die ich ihr schenken möchte. So, als hätte ich sie in ihrem Sein, in ihrem Anderssein angenommen.

Es ist schon verrückt, denn vor einigen Tagen war ich noch ganz anderer Meinung.

Ich bin so froh, dass wir uns dem Druck des Arztes – ganz am Anfang – nicht gebeugt haben und uns mit dieser schwierigen Entscheidung Zeit gelassen haben. Zum Glück haben die Ärzte diese Fehlbildung so früh festgestellt.

Wir haben Fynn nicht gesagt, dass ein Baby in meinem Bauch wächst, da wir ja noch immer nicht sicher wissen, wie es weitergeht. Gestern stand ich vor dem Spiegel und habe meinen kleinen Bauch betrachtet. Fynn kam aus seinem Zimmer und hat mich angeschaut. Dann kam er zielstrebig auf mich zu und hat seine kleine Hand auf meinen Bauch gelegt. Einfach so. Ich kann dir nicht sagen, wieso er das gemacht hat.

Ob er etwas spürt?

Vielleicht sind Kinder viel näher an allem dran und erleben Situationen viel direkter.

Irgendwie muss er ja gespürt haben, dass etwas in meinem Bauch ist, auch wenn wir nicht mit ihm darüber geredet haben. Das war echt unglaublich und hat mich sehr berührt.

Sind nicht alle Kinder vom Wesen her Engel?

Liebe Grüße, deine Große

19. AUGUST

Liebe Mama,

gestern Abend habe ich wieder lange mit Torben gesprochen. Ich habe ihm von Fynns Verhalten erzählt.

Irgendwie hat sich Torben geschämt, so schien es mir jedenfalls. Sein kleiner Sohn weiß anscheinend, worum es im Kern dieser Entscheidung geht, und er selbst überlegt, ob er seine Tochter überhaupt will. Er meinte, auch dieses behinderte Kind sei ja sein Kind. Habe es nicht auch ein Recht auf seine Liebe und Fürsorge?

Seine Worte haben mich sehr getroffen und wir sind einer Meinung: Wir treiben nicht ab. Unsere Tochter ist ein Geschenk, und wir geben ihr die Liebe und Fürsorge, die auch Fynn bekommen hat.

Wieso mit zweierlei Maß messen?

Wer gibt uns das Recht dazu?

Fühl dich umarmt! Deine Große

Liebe Grama,

nun sind wieder einige Tage seit unserer Entscheidung für die Fortsetzung der Schwangerschaft verstrichen. Ich fühle mich sehr gut damit. Es ist wie eine Befreiung. Ich sehe nun viel klarer.

Wir sind schwanger und bekommen ein Kind. Ist das nicht schön? Ich lese nicht mehr im Internet über diese Krankheit, ich beschäftige mich nicht mehr Tag und Nacht mit der Frage, wie alles werden soll. Wir sind mit diesem Kind schwanger, also wird es auch einen gangbaren Weg geben.

Von „meinen" Eltern im Forum bekomme ich viel Unterstützung. Das ist sehr aufbauend.

Gestern waren wir mit Fynn im Schwimmbad und wir hatten richtig viel Spaß. Hättest du dir vorstellen können, dass das geht? Den Tod vor Augen haben und trotzdem das Leben genießen?

Ja, ich glaube, du hättest mir sogar empfohlen, diese Schwangerschaft ganz bewusst zu genießen und Dinge zu tun, die auch unsere Tochter wohl irgendwie miterleben kann. Schließlich haben wir nur eine kurze gemeinsame Zeit.

Und du hast mir immer gesagt, dass man seine Zeit nutzen soll.

Liebe Grüße, deine Große

Liebe Oma,

jetzt, wo ich mich bewusst für diese Schwangerschaft entschieden habe und Torben das auch so mitträgt, haben wir unserer Tochter einen Namen gegeben: Sie heißt Mariella.

Du erinnerst dich vielleicht: Ich kannte mal ein Mädchen in der Schule mit diesem Namen. Sie war mutig, stark und sehr schön. Unsere Tochter muss ja auch mutig und stark sein und bis auf ihren Kopf ist sie bestimmt auch wunderschön, also passt dieser Name für sie.

Es ist für mich etwas ganz anderes, mein Kind nun mit einem Namen anzusprechen. Unsere Tochter ist nicht mehr nur ein Baby in meinem Bauch: Sie heißt Mariella und sie gehört zu uns!

Liebe Grüße, deine Große

Liebe Oma,

bisher wusste nur Yvonne von Mariellas Krankheit. Nun haben wir es unseren engsten Freunden erzählt. Wie nicht anders zu erwarten, waren sie ziemlich schockiert.

Nele hat sich aufgeregt und gefragt, warum wir nicht abtreiben. Das sei doch für alle besser. Ich glaube, sie hat vor allem sich selbst damit gemeint.

Weißt du noch? Nele hat vor einigen Jahren einen Jungen mit Trisomie 13 zur Welt gebracht. Sie hat damals nicht gewusst, dass sie ein behindertes Kind erwartet, da sie keinen Ultraschall gemacht hat. Ihr Sohn hatte eine sehr ausgeprägte Form der Erkrankung und musste wegen seines schweren Herzfehlers und anderen Problemen direkt auf die Intensivstation. Er hat nur zwei Jahre gelebt und für Nele und ihren Mann war es die ganze Zeit ein seelisches Auf und Ab.

Nele hat mir mal im Vertrauen gesagt, dass sie ihren Sohn zwar geliebt hat, sich an manchen Tagen aber wünschte, er wäre niemals auf die Welt gekommen. Er musste ständig beatmet werden und Nele meinte, dass er sicherlich auch gelitten hat.

Neles Reaktion hat mich sehr getroffen. Sofort dachte ich an unsere Tochter: Wird sie auch leiden? Wird sie Schmerzen haben? Alle reden nur von mir und die Ärzte behaupten, dass Mariella keine Rolle spielt, weil sie sterben wird. Aber wie ist es tatsächlich für unser Kind, wenn es nach der Geburt noch lebt? Das muss ich die Ärzte noch einmal genau fragen.

Ich kann nicht glauben, dass ich so egoistisch gewesen bin. Ich habe nur an mich gedacht, nur für mich entschieden in dem Glauben, das Richtige für unsere Tochter zu machen. Aber was ist, wenn das Leben außerhalb meines Bauches für sie nur eine Qual ist, wie bei dem Sohn von Nele?

Nie habe ich darüber nachgedacht, wie sich unsere Tochter entscheiden würde, wenn sie könnte. Automatisch habe ich gemeint, dass es gut für sie sei, wenn wir nicht abtreiben. Wenn sie ihr Leben bis zum vorgesehenen Ende leben darf und wir nicht in diesen natürlichen Lebenslauf eingreifen. Vielleicht ist es furchtbar für sie, auf die Welt zu kommen? Hat auch diese Entscheidung wieder zwei Seiten – eine für uns und eine für unsere Tochter?

Es macht mich in diesem Augenblick geradezu verrückt, dass ich nicht mit dir reden kann.

Ich brauche dich! Deine Große

Liebe Oma,

ich habe mit den Ärzten in der Klinik einen Termin ausgemacht und war heute dort, um meine Fragen zu stellen. Seitdem wir in der Klinik unsere Entscheidung bekanntgegeben haben, erfahren wir von einigen Ärzten eine sehr schöne Unterstützung. Und die brauchen wir auch dringend, denn schließlich gibt es vieles, was wir nicht wissen (können).

Ich habe also geradeheraus gefragt, ob unsere Tochter Schmerzen haben wird. Die Antwort war ein klares Nein, außerdem wurde uns auch angeboten, dass sie Medikamente bekommen kann, die beruhigend sind. Eine Information hat mich trotzdem total verschreckt: Wenn sie keinen Saugreflex hat, dann wird sie langsam verdursten. Es hieß zwar, das würde sie so nicht wahrnehmen, aber ich stelle es mir trotzdem schrecklich vor. Alternativ könnte man ihr Infusionen geben, sie in den Arm oder Kopf stechen oder ihr eine Magensonde legen.

Die Ärzte meinten auch, dass der fehlende Saugreflex nur ein Problem von vielen wäre. Sie wird sehr wahrscheinlich große Probleme mit der Atmung haben und noch vieles andere. Man könnte versuchen, ihr Leben aktiv zu verlängern.

Wollen wir das? Oder wollen wir der Natur ihren Lauf lassen?

Ach Mama, mich überfordert das alles so. Ich bin doch keine Fachfrau. Woher soll ich denn wissen, was richtig ist? Wozu haben wir uns da nur entschieden?

Ich bräuchte dringend deinen Rat. Deine Große

Liebe Grama,

nun mache ich mir doch ziemliche Gedanken, ob die Entscheidung für dieses besondere Kind richtig war. Was ist, wenn sie doch leidet, wenn sie Schmerzen hat? Sie kann ja nicht reden, und die Ärzte können doch gar nicht wissen, ob ihr etwas weh tut.

Ist es nicht meine Aufgabe, mich zu ihrem Wohl zu entscheiden und damit eventuell für eine Abtreibung? Das wäre dann so etwas wie aktive vorgeburtliche Sterbehilfe. Weißt du, was ich meine?

Also in dem Sinne, dass wir schauen, was für unser Kind gut ist. Schließlich bin ich ihre Mutter, ich bin verantwortlich für meine Tochter.

Ich drehe noch durch.

Dabei möchte ich es doch einfach nur richtig machen.

Weißt du, was richtig ist?

Deine Große

Liebe Grama,

da wir uns ja für das Weitertragen entschieden haben, fahre ich abwechselnd zur Kontrolle in die Klinik, in der wir die zweite Meinung eingeholt haben, und zu meiner neuen Frauenärztin.

Gestern war wieder ein Termin in der Klinik. Mittlerweile traue ich mich auch alleine dorthin. Diesmal hat mich ein anderer Arzt behandelt. Einer, mit dem ich sehr offen reden konnte. Ich habe ihm von meinen Ängsten und Sorgen erzählt. Er empfahl mir, mich erst einmal auf die Schwangerschaft zu konzentrieren. Einen Schritt nach dem anderen zu tun. „Man wächst mit seinen Aufgaben", meinte er. Erst gegen Ende der Schwangerschaft könnten Komplikationen auftreten. Manchmal würden die Kinder mit einer Anenzephalie schon im Mutterleib sterben und müssten dann tot geboren werden. Oder es komme wegen der unterentwickelten Hypophyse und der damit fehlenden Hormonbildung der Kinder zu einer Übertragung und die Geburt müsse künstlich eingeleitet werden.

Das wusste ich ja schon alles, aber es tat gut, nochmal darüber zu reden. Ich habe auch gefragt, was besser für unser Kind sei, damit es lebend auf die Welt kommt. Ein Kaiserschnitt oder eine normale Geburt. Er meinte, dazu gäbe es keine Studien. Seine persönliche Meinung sei, dass die Eltern selber entscheiden sollten. Er habe schon einmal Eltern betreut, die ein Kind mit einer Anenzephalie erwartet hätten. Das Kind sei normal geboren worden, ohne Kaiserschnitt, und die Geburt musste auch nicht eingeleitet werden. Seiner Meinung nach sei es auch vertretbar, dem Kind eine Magensonde zu legen. Er meinte, dass diese Kinder meistens nach ein bis zwei Tagen wegen Problemen bei der Atmung sterben würden. Meist ganz friedlich. Sie hätten keine Schmerzen und würden oft sogar auf die Eltern und das betreuende Personal reagieren.

Von einer Hausgeburt würde er jedoch abraten, denn dann wäre natürlich keine intensivere medizinische Betreuung möglich, wenn wir doch eine wünschen sollten. Darüber hatte ich mir gar keine Gedanken mehr gemacht. Aber mir ist es in diesem Fall auch lieber, wenn die Geburt in der Klinik stattfindet. Trotzdem wäre es schön, wenn wir mit unserem Kind direkt danach nach Hause fahren könnten.

Ich denke, das müssen wir einfach offenlassen. Es gibt so viele Unbekannte in dieser Gleichung. Und ich glaube, gerade das belastet mich so sehr. Letztlich können wir uns noch so viel informieren: Wir werden nicht wissen, ob Mariella überhaupt bis zur Geburt lebt, und selbst wenn sie es tut, wie die Minuten, Stunden oder Tage danach verlaufen werden.

Zum Schluss habe ich den Arzt nochmal ganz konkret nach den Ursachen für eine Anenzephalie gefragt. Er meinte, dass wirklich verschiedene Gründe in der Medizin diskutiert würden und dass kein Arzt die konkreten Ursachen benennen könne. Keiner hätte Schuld daran, ich solle mir keine Gedanken machen. Es sei sehr unwahrscheinlich, dass sich so etwas bei uns wiederholen würde. Damit ging er interessanterweise auf die Vergangenheit und die Zukunft ein. Und das tat mir gut.

Er sprach meine Schuldgefühle an, aber auch meine Hoffnungen auf ein weiteres Baby. Irgendwie kam mir das ein bisschen wie ein Verrat an Mariella vor, als würde ich sie einfach ersetzen wollen. Aber es fühlte sich auch wie ein Rettungsanker an.

Ich wollte einfach sichergehen, dass es keine konkreten Versäumnisse in unserem Fall gibt. Das war wirklich sehr erleichternd.

Dann hat er mir noch etwas sehr Persönliches gesagt: Die Babys mit einer Anenzephalie könne man genauso in den Arm nehmen wie gesunde Babys. Man könne sie genauso liebkosen und streicheln wie jedes andere Baby auch. Sie seien in erster Linie Babys, und die Krankheit komme erst danach.

Mama, mir sind die Tränen in die Augen geschossen.

Liebe Grüße, deine Große

Liebe Grama,

die Frage nach der passenden Geburtsform geht mir gar nicht mehr aus dem Kopf. Eine Hausgeburt wäre bestimmt sehr schön für unsere Tochter und auch für mich und Torben. Fynn ist ja auch zu Hause zur Welt gekommen, und deshalb wollte ich auch für seine Geschwister möglichst eine Hausgeburt. Seit wir wissen, dass unsere Tochter so stark behindert ist, bin ich zuerst gar nicht mehr auf den Gedanken einer Hausgeburt gekommen, und jetzt zweifle ich. Wobei selbst Fynn zu Hause viel mehr von seiner kleinen Schwester mitbekommen würde.

Ich bin über einen Film zu diesem Thema gestolpert. Er heißt „Mein kleines Kind" und ist sehr berührend, dir hätte er auch gefallen. Im Film kommt das kranke Baby zu Hause zur Welt und stirbt kurz nach der Geburt. Es ist dunkel und ruhig, und keine der anwesenden Personen hat Angst oder Panik. Es wird sehr leise gesprochen. Das Baby wird liebevoll empfangen – und liebevoll verabschiedet.

Doch was der Arzt wegen der Magensonde zu mir gesagt hat – dass sie da in der Klinik einfach mehr Möglichkeiten haben –, das hat mir sehr zu denken gegeben. Außerdem ist es ja durchaus möglich, dass die Geburt künstlich eingeleitet werden muss.

Torben ist für eine ambulante Geburt in der Klinik. Da könnten wir uns dann noch entscheiden, was am besten ist. Wenn es mir und unserer Tochter gut geht, fahren wir nach der Geburt sofort nach Hause. Ansonsten könnten wir dort bleiben. – Das ist vielleicht die klügste Lösung, oder?

Gestern habe ich übrigens den Geburtsvorbereitungskurs bei Susanne abgesagt. Ich kann mich einfach nicht jede Woche neben die anderen werdenden Eltern setzen. Das würde über meine Kräfte gehen. Sie war sehr mitfühlend und hat gefragt, ob sie mich nicht trotzdem weiterbetreuen soll. Wir haben ausführlich geredet und sie würde mich gerne auch bei der Geburt begleiten. Sie ist an „unserem" und an verschiedenen anderen Kliniken Beleghebamme.

Weißt du, was das heißt? Nicht nur Torben wird mir zur Seite stehen, sondern auch Susanne (und du natürlich, das weiß ich). Eine weitere vertraute Person an meiner Seite.

Seitdem ich das weiß, geht es mir noch ein Stück besser mit der Entscheidung für eine Klinikgeburt.

Liebe Grüße, deine Große

....

18. SEPTEMBER

....

Liebe Grama,

vor einigen Tagen habe ich Fynn von seiner kleinen Schwester erzählt. Er war gar nicht überrascht.

Natürlich weiß ich nicht, was er wirklich verstanden hat, aber er schien sich zu freuen. Ich habe ihm meinen Bauch gezeigt und gesagt, dass dort jetzt Mariella wohnt, seine kleine Schwester.

Tja, und was macht Fynn? Legt wieder seine kleine Patschehändchen auf meinen Bauch. Einfach so.

Kinder sind unglaublich.

Liebe Grüße, deine staunende Große

Liebe Grama,

wir sind umgezogen und wohnen nun schon seit einer Woche in unserem neuen Haus. Wegen dem ganzen Umzugstrubel habe ich dir auch nicht schreiben können.

Es ist sehr behaglich hier, und alles könnte so schön sein. Fynn spielt bei dem guten Wetter im Moment viel im Garten. Timmi ist meist bei ihm. Tja, und mein Bauch wächst mehr und mehr. Die Schwangerschaft lässt sich nicht mehr leugnen. Aber das will ich ja auch gar nicht mehr.

Manchmal ist es trotzdem schlimm. Gestern war ich mit Fynn in dem Kindergarten in Lichterburg und habe ihn für das nächste Jahr dort angemeldet. Eine Erzieherin hat mich auf meine kleine Kugel angesprochen: Das sei doch sehr schön, wenn die Kinder so schnell nacheinander kämen, dann könnten sie zusammen aufwachsen und so weiter.

Es war wie ein Stich ins Herz. Unsere Tochter wird nicht mit Fynn aufwachsen dürfen, sie wird sterben. Es war furchtbar und ich musste mit den Tränen kämpfen. Ich muss jedenfalls sehr geschockt ausgesehen haben, denn sie hat sofort das Thema gewechselt.

Du würdest mir wahrscheinlich raten, der Erzieherin von Mariella zu erzählen. Ich kann förmlich hören, wie du mich daran erinnerst, dass ich meine Tochter nicht verschweigen kann. Erstens weil Fynn eine Schwester haben wird, ob sie lebt oder nicht, und zweitens weil ich ja erklären muss, wo das Baby ist, wenn mein Schwangerschaftsbauch weg ist.

Aber weißt du, ich will keine mitleidigen Blicke hinterhergeworfen bekommen. Deshalb will ich es auch niemandem, außer unseren Freunden, erzählen. Zumindest jetzt nicht. Ich kann es einfach nicht ertragen, wenn fremde Menschen mich auf die Schwangerschaft ansprechen.

Nach dieser unbedarften Frage der Erzieherin ging es mir jedenfalls den ganzen Tag schlecht. Habe ich mir wirklich gut überlegt, auf was ich mich da eingelassen, wofür ich mich entschieden habe? Ich zweifle so sehr, immer mal wieder.

Was, wenn es wirklich Komplikationen gibt? Was, wenn ich dadurch keine weiteren Kinder mehr bekommen kann? Das würde ich mir nie verzeihen. Du weißt ja selbst, dass jede Schwangerschaft bestimmte Risiken hat. Selbst eine ganz normale. Und diese ist nicht normal: Ich bin mit diesem besonderen Kind schwanger, und eigentlich kann ich gar nicht absehen, was alles auf mich zukommen wird.

Habe ich wirklich die Kraft, das alles durchzustehen, es auszuhalten? Was ist, wenn Mariella bereits in meinem Bauch stirbt? Dann werde ich sie tot auf die Welt bringen müssen. Das ist einfach furchtbar.

Wenn sie bis zum Ende der Schwangerschaft lebt, heißt das noch lange nicht, dass sie auch die Geburt überleben wird. Und selbst wenn wir unsere Tochter – hoffentlich lebend – im Arm halten, bleibt uns nur wenig gemeinsame Zeit mit ihr. Dann wird sie sterben und wir werden sie beerdigen müssen. Habe ich die Kraft, hilflos dabei zuschauen, wie unsere Tochter stirbt?

An manchen Tagen halte ich es einfach nicht aus, dann fange ich ständig an zu heulen.

Ach Mama, du fehlst mir so. Kannst du nicht mal kurz vorbeikommen und mich in den Arm nehmen?

Ich bräuchte dich so sehr.

Deine Große

Liebe Grama,

ob du es glaubst oder nicht, aber Nele hat mich gestern besucht. Sie rief an und fragte, ob sie vorbeikommen könne. So saßen wir also in der Küche und haben Tee getrunken. Vorher habe ich ihr das neue Haus gezeigt. Sie war begeistert.

Sie schien etwas auf der Seele zu haben, rückte aber erst nicht damit raus. Schließlich habe ich sie einfach direkt danach gefragt. Nele schaute mich an und sagte, dass sie sich für ihr Verhalten mir gegenüber entschuldigen wolle. Sie hätte mich nicht beeinflussen, sondern nur zum Nachdenken anregen wollen.

Dann hat sie mir noch lange von ihrem kranken Sohn erzählt. Wie es für sie selbst war und wie andere auf ihren Sohn reagiert hätten. Sie meinte, es sei teilweise die Hölle gewesen. Tag und Nacht habe ihr Sohn überwacht werden müssen. Er sei immer wieder beatmet und künstlich ernährt worden. Es habe ihr sehr weh getan, ihn so zu sehen. Abhängig von Apparaturen und Maschinen. Angeschlossen an Schläuche und Monitore.

Nach einer Zeit habe er die Klinik verlassen können, aber das sei für sie und ihren Mann nur eine kleine Verbesserung gewesen. Immer wieder habe das Herz ihres Sohnes ausgesetzt. Sie hätten trotz der Hilfe durch einen ambulanten Pflegedienst stets in der Angst gelebt, dass er so einen Anfall nicht überleben würde.

Obwohl ihr Sohn so schwer behindert gewesen sei, hätten sie ihn sehr geliebt. Und er sie auch. Er habe auf sie anders als auf das betreuende Personal reagiert – er habe einfach gespürt, dass sie seine Eltern seien. Als er schließlich nach zwei Jahren gestorben sei, seien sie beide sehr traurig gewesen. Es habe sehr lange gedauert, bis sie sich danach getraut hätten, noch ein Kind zu bekommen.

Nun haben sie mittlerweile drei gesunde Kinder und sind glücklich. Aber eben trotzdem verändert, wie Nele betonte. Mir schien es, als wenn Nele das erste Mal so richtig über diese Zeit geredet hätte.

Dann sagte Nele noch, dass ich mich immer auf sie verlassen könne, dass sie immer für mich da wäre. Das hat mich sehr berührt, denn Nele fand ich immer sehr verschlossen und distanziert. So wie an diesem Tag habe ich sie noch nie erlebt.

Nun würdest du mich sicher fragen, was dieses Gespräch in mir ausgelöst hat: Da ihr Sohn eine ganz andere Ausgangssituation hatte, konnte ich das mit einem gewissen Abstand sehen. Unsere Tochter wird nicht jahrelang leben und auch nicht leiden. Wenn unsere Tochter eine starke Behinderung gehabt hätte, die sie jahrelang zu einem Pflegefall gemacht hätte, wäre das eine ganz andere Situation gewesen. In so einem Fall hätten wir sicherlich auch eine Fruchtwasserpunktion gemacht, um möglichst genau zu wissen, was uns erwartet. Wie wir dann entschieden hätten, kann ich dir nicht sagen.

Wir aber müssen nur für uns in der jetzigen Situation entscheiden. Das ist schon schwer genug.

Ich denke an dich.

Deine Große

Liebe Grama,

seit einigen Tagen kann ich Mariella in meinem Bauch spüren. Ihre Bewegungen fühlen sich genauso wie bei Fynn damals an. Weich wie das Flattern eines Schmetterlings mit seinen Flügeln. So schön.

Torben hätte sie auch gerne wahrgenommen, aber die Bewegungen sind noch zu zart. Da muss er sich noch eine Weile gedulden.

Wenn ich das Leben in mir spüre, dann kann ich manchmal nicht glauben, dass Mariella krank ist. Sie ist so lebendig in mir und sie fühlt sich gut und richtig in meinem Bauch an. Ich kann mir überhaupt nicht vorstellen, dass ihr Leben auf so eine kurze Zeit begrenzt sein soll. Auch ihr Herz schlägt kräftig.

Susanne war schon zweimal bei uns zu Hause, um nach mir und Mariella zu schauen. Sie hört dann natürlich auch die Herztöne unserer Tochter ab. Für Susanne ist es das erste Kind mit Anenzephalie, das sie betreut. Also ist auch für sie vieles Neuland, aber damit komme ich gut zurecht. Mit ihr kann ich auch über die Ängste einer Geburtseinleitung reden. Sie hat mir Mut gemacht und meinte, dass ich im schlimmsten Fall ja auch Schmerzmittel nehmen könnte.

Ich freue mich immer auf ihre Besuche hier im häuslichen Rahmen. Auch Torben und Fynn mögen sie sehr. Es ist trotz der ganzen schlimmen Situation schön, dass ich Susanne gefunden habe.

Liebe Grüße, deine Große

Liebe Grama,

ich habe mit Torben darüber geredet, wie wir nach außen mit der Schwangerschaft umgehen wollen. Sie lässt sich ja nun nicht mehr verbergen, denn mein Bauch ist eine richtige Kugel geworden. Wir sind auch von den Nachbarn schon angesprochen worden.

Torben ist da meiner Meinung: Wir sagen nichts von der Behinderung von Mariella, denn im Moment bin ich einfach nur schwanger. Ein Kind wächst in mir, es bewegt sich wie alle ungeborenen Kinder. Alles andere kommt danach. Jetzt sind wir schwanger, und das fühlt sich gut an.

Diese Stimmungsschwankungen sind schon verrückt. Heute so, morgen so. Das war bei Fynn nicht so ausgeprägt, aber das kann man ja auch wirklich nicht vergleichen.

Torben geht es in seinem neuen Job richtig gut. Er kommt nachmittags nach Hause und ist nicht völlig ausgepowert und leer im Kopf. Oft unternehmen wir noch etwas zusammen oder arbeiten am Haus. Das fühlt sich gut an.

Noch immer stehe ich in intensiven Kontakt mit den Eltern im Anenzephalie-Forum. Gerade die Eltern, die ihr Kind weitergetragen haben, sind mir sehr ans Herz gewachsen, denn sie wissen am ehesten, wo ich gerade stehe und wie es mir geht.

Wenn ich den Brief gerade noch einmal durchlese, dann merke ich, dass er sich ein bisschen nach Alltag anhört. Das fühlt sich merkwürdig an. Ich konnte mir gar nicht vorstellen, dass es das geben könnte: Alltägliches Familienleben nach solch einer Diagnose.

Das hat mich daran erinnert, wie du mir mal erzählt hast, dass es nach Papas Tod bald wieder eine Struktur gab, einen All-Tag. In dem gab es zwar viele schwierige Momente, aber er war da.

Liebe Grüße, deine Große

Liebe Mama,

den ganzen Babykram habe ich wieder auf den Dachboden gebracht. Dabei habe ich allerdings einige Tränen vergossen. Oder eher nicht nur einige, sondern kleine Sturzbäche. Vorher habe ich mir ein paar schöne Sachen von Fynn für unsere kleine Maus rausgesucht. Die Wiege bleibt natürlich oben, wie auch vieles andere. Wenn Mariella tatsächlich zu uns nach Hause kommen sollte – und das wünsche ich mir mehr als alles andere –, dann soll sie bei uns im Bett schlafen. Ich möchte die Zeit mit ihr genießen und sie nicht getrennt von uns in einer Wiege liegen haben.

Auch einen schönen Stoffteddy habe ich für Mariella gekauft. Es ist verrückt, aber durch die Kleidung für sie und das Kuscheltier wird sie realer für mich. Mariella wird dadurch noch mehr zu meiner Tochter, zu unserer Tochter. Die Beziehung zu ihr soll nicht von ihrer Krankheit bestimmt sein, sie ist in erster Linie ein Kind. Unser Kind.

Und weil das so ist, habe ich auch eine Fotografin angerufen, die Bilder von Sternenkindern macht. So nennt man Kinder, die vor oder kurz nach der Geburt sterben. Diese Frau war am Telefon so unglaublich sympathisch, dass ich mich irgendwie sogar auf ihren Besuch freue. Sie wird an Mariellas Geburtstag ins Krankenhaus kommen und hat auch angeboten, danach noch einmal bei uns zu Hause zu sein, wenn Mariella es dorthin schafft. Es wird also richtige Familienbilder geben. Darauf freue ich mich sehr.

Mama, ich hoffe so sehr, dass sie die Geburt überlebt und wir ihr in die Augen schauen dürfen. Meinst du, ich klammere mich da an etwas fest, das es nicht geben wird? Vielleicht muss ich das, damit ich nicht durchdrehe. Torben gibt mir Halt, wo er kann, und er ist immer für mich da, trotzdem fehlt es mir, nicht mit dir reden zu können.

Liebe Grüße, deine Große

Liebe Mama,

Nele kommt regelmäßig mit ihren Kindern vorbei. Einfach so, ohne dass ich sie anrufe. Sie kocht Tee oder backt einen Kuchen, oft bastelt sie mit den Kindern, wäscht ab, begleitet mich in den Garten und ist einfach nur für mich da. Manchmal nimmt sie mich ohne Worte in den Arm.

Weißt du, es ist komisch, aber dann fange ich oft an zu heulen. Es ist wie ein Kanal, eine Schleuse. Bei Nele muss ich mich nicht verstecken, mich nicht für meine Trauer schämen. Denn Mama, das ist mir klargeworden: Ich trauere jetzt schon um unsere Tochter, um ihr Leben, das sie nicht haben darf.

Es tut gut, bei Nele nichts sagen, mich nicht erklären zu müssen. Sie weiß, wie es mir geht, was in mir los ist. Das tut so gut.

Ihre Freundschaft ist ein Geschenk. Deine Große

Liebe Mama,

nachts kann ich nicht mehr richtig schlafen. Ständig drehe ich mich von einer Seite auf die andere. Torben ist schon ziemlich genervt, auch wenn er versucht, sich nichts anmerken zu lassen. Aber mal ehrlich, er muss ja auch nicht mit megaviel Fruchtwasser im Bauch klarkommen und nebenbei noch genügend Luft zum Atmen bekommen.

Beim Treppensteigen ächze ich wie ein alter Ackergaul. In drei Tagen habe ich einen Termin in der Klinik zur ersten Fruchtwasserpunktion.

Ich hoffe, das wird nicht so schlimm, wie es klingt. Yvonne kümmert sich dann hier um Fynn. Sie ist eine echt tolle Freundin.

Und auch Maik und Lisa, unsere neuen Nachbarn, sind für uns da. Als Lisa sich bei uns vorstellen kam, hat sie ein so nettes Gespräch begonnen, dass ich mich entschieden habe, ihr die Wahrheit über Mariella zu sagen. Ich war sehr erstaunt, wie offen und umsichtig sie reagiert hat. Keine meiner Befürchtungen ist wahr geworden. Sie hat mir sogar zur Schwangerschaft gratuliert und meinte, dass man nie wissen könne, ob nicht Mariellas Aufgabe in dieser Welt einfach nach kurzer Zeit schon erfüllt sei. Es wirkte so selbstverständlich.

Ihr Mann ist ähnlich offen und so kann ich sagen: Sie haben zwar noch keine Kinder, aber sie sind überhaupt nicht verkrampft im Umgang mit unserer speziellen Lebenssituation. Wir treffen uns manchmal zum Kochen, einfach so. Es tut mir deshalb so gut, weil es ein normaler Kontakt ist. Wir reden über alles Mögliche und nicht ständig über unsere Tochter. Maik hat einen guten Draht zu Fynn, und so ist es immer richtig nett, wenn uns die beiden besuchen oder wir zu ihnen rübergehen.

Liebe Grüße, deine Große

---

16. NOVEMBER

Liebe Grama,

gestern war ich zur Punktion in der Klinik. Angenehm war es nicht, aber besser als erwartet. Durch die Oberflächenbetäubung der Haut war ich völlig bedudelt. So, als hätte ich Sekt getrunken. Die lange Nadel habe ich trotzdem wahrgenommen. Keine schöne Vorstellung. Sie haben mir 250 Milliliter Fruchtwasser abgezogen, und danach konnte ich sofort wieder viel besser Luft holen. Tief atmen, so schön. Leider wird das nicht lange so bleiben, ich werde wohl noch öfter zur Punktion müssen. Aber jetzt kenne ich es ja schon und habe keine Angst mehr davor.

Ich denke manchmal über unsere Entscheidungsfindung wegen Mariella nach: Ganz am Anfang, als wir erfahren hatten, was mit Mariella los ist, konnte ich mir überhaupt nicht vorstellen, dass ich sie austragen würde. Ich wollte die Schwangerschaft auf jeden Fall unterbrechen. Am liebsten wäre mir gewesen, wenn ich eine Fehlgeburt gehabt hätte. Ich war unfähig, eine echte Entscheidung zu treffen. Ich wollte nur raus aus dieser unerträglichen Situation, raus aus diesem Schmerz.

Nun spüre ich unsere Tochter in mir, sie lebt in mir. Es ist auch nicht so, dass ich nur gebe. Sie gibt mir ihre Liebe, genauso wie Fynn es damals in meinem Bauch getan hat. Sie reagiert auf meine Hand, sie tritt sanft dagegen oder schmiegt sich von innen an sie. Manchmal ist es wie ein Gespräch zwischen uns. Ohne Worte, aber mit viel Gefühl.

Mariella weiß, dass ich ihre Mama bin. Sie weiß, dass ich sie liebe, und dass auch Torben sie liebt. Dazu braucht sie keinen Verstand, dazu braucht sie nur ihr Herz.

Mich erinnert diese Erkenntnis an deinen Tod: Da brauchte es auch keine Worte mehr, nur Liebe. Mit meinem heutigen Wissen hätte ich dich wahrscheinlich noch ganz anders begleitet. Aber ich hoffe, du bist mir nicht böse, sondern weißt, dass ich mein Bestes versucht habe. Und jetzt, bei Mariella, tue ich es genauso.

Liebe Grüße, deine Große

Liebe Grama,

gestern war ich mit Yvonne, Nele und Fynn in der Stadt. Irgendwie sind wir in der Babyabteilung eines Bekleidungsgeschäftes gelandet. Ich hatte zwar einige Sachen von Fynn für Mariella rausgesucht, aber so richtig glücklich war ich damit innerlich wohl nicht. Ich wollte wirkliche Mädchenkleidung und nichts Neutrales. Und das habe ich gefunden.

Trotzdem war da wieder der Stich ins Herz. Nele hat das anscheinend gespürt und mich einfach in den Arm genommen. Es tut so gut, dass ich so starke und tolle Freundinnen habe. Übrigens trifft sich auch Torben öfter als früher mit seinen Freunden. Vor allem Peter, der Mann von Nele, kann ihn gut verstehen.

Mittlerweile sind wir regelmäßig auch zu viert, kochen und reden zusammen. Oder machen etwas gemeinsam mit den Kindern. Dieser Kontakt ist wichtig für mich, da wir mit Nele und Peter auch viel über Mariella reden. Wie du siehst, brauche ich beides, Zerstreuung und Fokussierung auf unser momentanes Lebensthema.

Auch hier gibt es wieder zwei Seiten.

Ach Grama, wenn du wüsstest, wie oft ich an dich denke.

Deine Große

Liebe Grama,

Mittlerweile kann auch Torben die Bewegungen von Mariella spüren und ist damit seiner Tochter viel nähergekommen. Abends sitzen wir jetzt oft auf dem Sofa, kuscheln mit Fynn, und auch Mariella kommt nicht zu kurz.

Es ist so lustig, wenn Fynn seine Hand auf meinen Bauch legt und die zarten Tritte seiner Schwester spürt. Dann leuchtet sein kleines Gesicht immer auf. Schade, dass du es nicht sehen kannst.

Liebe Grüße, deine Große

30. NOVEMBER

Liebe Grama,

nicht alle Menschen können unsere Entscheidung für ein Kind mit einer so ausgeprägten Fehlbildung verstehen. Die Hebamme, die bei meiner Fruchtwasserpunktion gestern dabei war, war richtig aufgebracht.

Sie fragte uns, wie wir das nur aushalten würden, und außerdem sei es doch eine Zumutung für das betreuende Personal bei der Geburt. Schließlich sei eine Anenzephalie ja keine schöne Sache. Ob wir uns darüber bewusst seien. Torben hat ihr gesagt, dass wir uns das reiflich überlegt hätten und es ja schließlich unsere Entscheidung sei.

Im Auto habe ich daraufhin einen Heulkrampf bekommen. Torben hat mich getröstet und gemeint, ich solle die Frau nicht so ernst nehmen. Sie hätte ihren Beruf verfehlt, wenn sie sich solch ein Urteil erlauben würde. Er versicherte mir, dass er mich lieben würde und stolz auf seine mutige und liebevolle Frau sei. Da musste ich dann erst recht heulen. Ich bin sowieso so sensibel im Moment. Sicher sind das die Hormone, aber bei Fynn war es nicht so ausgeprägt. Ich bin manchmal so gut drauf und freue mich an Mariellas Bewegungen und ihren zarten Bewegungen. Dann, vielleicht nur eine Stunde später, sitze ich heulend in der Küche und frage mich, wie alles werden soll.

Für mich ist diese Schwangerschaft eine wirkliche Aufgabe, und häufig fühle ich mich zum Zerreißen gespannt. Jeder Tag ist anders und manchmal ist es eine richtige Herausforderung, aufzustehen und in den Spiegel zu schauen. Dann sehe ich nämlich mich, eine schwangere Frau, die ihr Baby liebt, es aber verlieren wird. Diese Situation fordert mir viel – manchmal zu viel – ab, Mama.

Wie gut, dass ich Torben habe und dass er nicht mehr so viel arbeiten muss. Er ist immer für mich da und spürt meine Stimmungswechsel oft schon, bevor sie mir richtig bewusst sind. Ich glaube, ohne ihn hätte ich mich für einen Schwangerschaftsabbruch entschieden.

Unsere Freunde sind sehr wichtig für mich, aber auch für Torben und Fynn. Sie helfen dabei, nicht komplett in der Trauer zu versinken und unser Leben einigermaßen normal weiterzuleben.

Ich habe auch von Fällen gelesen, wo die Frauen erst sehr spät erfahren haben, dass sie ein Kind mit einer Anenzephalie erwarten. Sie mussten sich dann zwischen einer Spätabtreibung und dem Austragen des Kindes entscheiden. Weißt du, was eine Spätabtreibung bedeutet? Das Kind wird durch eine Kalium-Chlorid-Injektion ins Herz noch im Mutterleib abgetötet und kommt dann durch künstlich eingeleitete Wehen auf die Welt. Das ist dann eine stille Geburt. Kein Neugeborenenschrei, keine Bewegungen, rein gar nichts. Ich hoffe so sehr, dass Mariella bis zu der Geburt durchhält und ich sie nicht auch tot zur Welt bringen muss. Das wäre so furchtbar für mich. Für welche Frau nicht?

Stell dir vor, ich hätte in solch einer Situation dann jemanden wie jene Hebamme bei der Geburt dabei? Noch immer muss ich an ihre Worte denken. Zwei Tage habe ich gebraucht, um mein inneres Gleichgewicht überhaupt halbwegs wiederzufinden. Das muss ich mir sowieso jeden Tag neu erarbeiten, aber die harten Bemerkungen taten schon sehr weh.

Mama, du hast eine Kämpferin als Tochter, wusstest du das? Ich will das schaffen. Und unsere Tochter ist auch eine Kämpferin. Das spüre ich. Sie gibt mir das Gefühl, dass sie leben will, dass sie uns kennenlernen möchte. Nicht nur durch meine Bauchwand hindurch. Sie will leben, Mama. Das gibt mir Kraft.

Liebe Grüße, deine Große

02. Dezember

Liebe Mama,

Torben hat nach reiflicher Überlegung einen Brief an die Klinikleitung geschrieben.

Vielleicht ist es ganz gut so, denn ich finde es ist wichtig, dass Menschen auch eine Rückmeldung zu ihrem Verhalten bekommen. Damit sie merken, was sie mit dem, was sie sagen, unter Umständen anrichten.

Aus ihrer Sicht mag die Hebamme ja recht haben, aber sie ist ein Profi, und da behält man seine persönlichen Ansichten für sich – jedenfalls, wenn man nicht danach gefragt wird.

Mariella mag für andere „keine schöne Sache" sein, aber für uns ist sie unsere Tochter. Sie ist vielleicht nach objektiven Maßstäben nicht perfekt, aber wer ist das schon? Wenn jeder perfekt sein müsste, um leben zu dürfen, dann wäre die Erde ziemlich leer.

Ich denke gerade an den Spruch, der bei dir zu Hause hing: „Gib mir die Kraft, Dinge zu ändern, die ich ändern kann, Dinge hinzunehmen, die ich nicht ändern kann. Und die Weisheit, zu unterscheiden." Vielleicht kann Torben mit der Beschwerde etwas ändern, oder aber man muss es einfach hinnehmen und sich auf die Menschen konzentrieren, die anders sind als diese Frau.

Ach ja, unser neues Haus ist so geräumig, dass ich mir ein kleines Zimmer für mich eingerichtet habe. Auf dem schönen Holztisch finden sich nun viele Blätter für meine Briefe an dich, aber auch Aquarellfarben, Pinsel und Malblöcke.

Früher habe ich mich nie getraut zu malen, weil du so tolle Bilder gemacht hast und ich dachte, das sei allein dein Metier. Außerdem hatte ich Angst, dass du vielleicht enttäuscht bist, wenn meine Bilder nicht so gut werden. Du hast mich oft ermuntert und konntest gar nicht verstehen, wieso ich mich stets geweigert habe. Tja, und nun male ich tatsächlich. Es macht mir Spaß und gibt mir Ruhe. Manchmal sitze ich mit dem Pinsel in der Hand vor dem leeren Blatt und gebe mich ganz meinen Stimmungen hin, ohne etwas zu wollen. In diesen Momenten entstehen die schönsten Bilder.

Fynn ist so begeistert von meinen Malereien, dass ich ihm jetzt auch einen Wasserfarbenkasten gekauft habe. Mit Hingabe sitzt er neben mir und kleckst auf das Blatt. Das Kreative scheint er von dir zu haben. So schön.

Liebe Grüße, deine Große

08. DEZEMBER

Liebe Grama,

es ist schon merkwürdig.

Ich weiß, dass Mariella nicht leben wird, und doch empfinde ich so viel Liebe für sie.

Fynn streichelt auch manchmal meinen Bauch und ich habe das Gefühl, dass Mariella ihm antwortet, denn sie strampelt dann immer und hört erst damit auf, wenn Fynn seine Hand wieder wegnimmt.

Es ist so, wie ich es dir geschrieben hatte: Man fühlt mit dem Herzen, und nicht mit dem Verstand. Ich bin mir sicher, dass Mariella unsere Liebe spürt. Trotz aller Trauer, trotz aller Probleme fühle ich mich mit meiner Entscheidung für die Schwangerschaft und das Weitertragen von Mariella sehr gut.

Deine mit Liebe erfüllte Große

Liebe Grama,

ich habe noch mal über das Thema Schwangerschaftsabbruch nachgedacht. Ich habe immer gedacht, das würde niemals für mich in Frage kommen. Mit Mariella haben wir keine normalen Umstände. Deshalb habe ich es in Erwägung gezogen.

Mir ist jetzt viel deutlicher bewusst, dass man nicht über das Verhalten von Menschen urteilen kann, in deren Lage man nicht ist. Und selbst dann würde man nicht alle Rahmenbedingungen kennen.

Man sollte wirklich davon ausgehen, dass jeder Mensch versucht, die beste Lösung zu finden.

Passend dazu fiel mir letzte Woche ein Spruch in der Zeitung auf: „Urteile nie über einen anderen, bevor du nicht einen Mond in seinen Mokassins gelaufen bist." Eine Weisheit der Indianer in Nordamerika.

Stimmt, oder?

Ich bin so froh, dass wir uns für diese Schwangerschaft entschieden haben. Und zwar ganz bewusst. Mich da auf diesen Stuhl zu legen und zu fühlen und vor allem zu wissen, dass sie unsere Tochter gerade „umbringen"? Furchtbar, denn so wäre es doch gewesen. Es hätte bedeutet, ein Kind, das Torben und mir geschenkt wurde, abzulehnen. Das klingt jetzt echt hart, ich weiß. Ich glaube, ich hätte mir hinterher vielleicht auch schwere Vorwürfe gemacht, und daraus wären eventuell wieder andere Probleme entstanden. Es steht so viel davon im Internet. Ich glaube, es ist gar nicht so gut, wenn man alles davon liest. Teilweise kursieren dort richtige Horrorberichte – von Depressionen, schweren Lebenskrisen und Trennungen ist da die Rede. Da wird mir angst und bange.

Es gibt bestimmt Frauen, die sich in einer ähnlichen Situation für einen Schwangerschaftsabbruch entscheiden. Das will ich absolut nicht bewerten.

Jede Frau hat ihre eigenen Probleme, Gefühle und Lebensumstände und somit auch das Recht, für sich selbst zu entscheiden.

Was denkst du eigentlich dazu? Das haben wir nie so genau thematisiert – es gab ja auch nie einen Anlass. Heute wüsste ich gern, was du in dieser Situation tun würdest.

Ich denke, dass sich keine Frau, keine Familie leichtfertig für den einen oder anderen Weg entscheidet. Schließlich kann man kaum wissen, was auf einen zukommt. Es sind einfach übermenschliche Entscheidungen, die Eltern so nicht treffen müssen sollten. Niemand. Es gibt viele offene Fragen zu diesem Thema, die einem leider keiner beantworten kann.

Liebe Grüße, deine Große

....

25. Dezember

....

Liebe Grama,

Weihnachten ist ganz anders als sonst. Die Weihnachtszeit erlebe ich dieses Mal bittersüß. Es ist wirklich nicht einfach für mich, für Fynn da zu sein. Meine Gedanken drehen sich oft um Mariella und unsere ganze Lebenssituation im Moment.

Torben unterstützt mich sehr und manchmal tut es mir einfach nur gut, mich bei ihm fallenzulassen. Ich weiß nicht wo er diese Kraft herbezieht, aus welchen Quellen er schöpft. Ich liebe ihn.

Liebe Grüße, deine Große

Liebe Grama,

ich bin jetzt in der 36. Schwangerschaftswoche, und mittlerweile wurde mir schon dreimal Fruchtwasser punktiert. Die Ärzte sagen, dass vielleicht ein Kaiserschnitt besser wäre. Doch das ist jetzt noch etwas zu früh für unsere Maus. Nein, ich bin fest entschlossen, Mariella noch weiter zu tragen. Dafür muss ich mich aber sehr schonen und darf nicht oft aufstehen.

Yvonne und Nele kommen abwechselnd jeden Tag vorbei. Sie kümmern sich um Fynn und Timmi. Torben kommt jetzt nachmittags sehr früh nach Hause und putzt und kocht. Du glaubst gar nicht, wie stolz ich auf ihn bin. Unsere Beziehung hat sich durch die Schwangerschaft mit Mariella sehr vertieft. Das fühlt sich so gut an.

Abends kuscheln wir mit beiden Kindern. Mariella strampelt dann immer wie verrückt, so als würde sie uns zeigen wollen, dass sie mitmacht und zu uns gehört. Die gemeinsame Zeit mit unserer Tochter ist so kostbar und wir genießen jeden Tag mit ihr.

Liebe Grüße, deine Große

Liebe Grama,

nun, wo sich die Schwangerschaft mit Mariella dem Ende zuneigt, habe ich wieder das Bedürfnis, dir öfter zu schreiben. Manchmal überfällt mich jetzt eine tiefe Traurigkeit. Meistens wenn ich andere Paare mit einem Baby sehe. Das führt mir dann wieder klar vor Augen, was wir alles nicht haben werden. Kein Baby, das voller Wonne an meiner Brust trinkt und danach satt und zufrieden schläft. Kein erstes Lächeln, keinen ersten Zahn. Es wird viel mehr Fehlstellen geben als glückliche Momente. Das jedenfalls fühle ich in solchen schwarzen Momenten. Da merke ich, wie mir die Zeit mit Mariella zwischen den Fingern zerrinnt. Natürlich wird sie, so wie du, in meinen Erinnerungen bleiben. Aber es ist doch nicht dasselbe.

Ach Mama, war es richtig, mich für das Weitertragen zu entscheiden? Denn das Schlimmste steht uns noch bevor: Abschied nehmen. Und darin bin ich wirklich nicht gut.

Weißt du noch, wie es damals bei Papa war? Wie wir da zusammen getrauert haben und unser Leben ganz neu einrichten mussten? Ein Familienleben ohne Papa! Viele Jahre später dann dein Tod. Das hat mich fast noch mehr aus der Bahn geworfen, denn mit dir hat sich meine ganze frühere Familie aufgelöst. Unsere Familiengeschichte war mit einem Schlag zur Vergangenheit geworden. Keine Gespräche mehr mit dir, du konntest mich nicht mehr liebevoll in den Arm nehmen. Nicht mal mehr Torben konntest du kennenlernen.

Sicher, nun habe ich eine neue Familie, bin glücklich mit Torben, Fynn und auch Mariella sind ein Teil davon. Trotzdem fehlst du mir.

Liebe Grüße, deine Große

Liebe Grama,

aus den negativen und traurigen Gedanken komme ich im Moment gar nicht mehr raus. Torben meint, das seien bestimmt die Schwangerschaftshormone. Aber das ist nicht die ganze Wahrheit. Ich finde es absolut ungerecht, dass uns das passiert. Unsere Tochter ist krank und darf nicht leben. Warum gerade wir? Manchmal frage ich mich, wieso gerade ich immer wieder in meinem Leben viel zu früh Abschied nehmen muss. Das frisst ziemlich an mir.

Deine mit dem Schicksal hadernde Große

Liebe Grama,

Torben und ich waren beim Dorfpfarrer und haben ihn gefragt, ob er sich vorstellen könne, nach der Geburt von Mariella zu uns in die Klinik zu kommen, um unsere Tochter zu taufen.

Als er den Grund für unseren Wunsch hörte, war er sehr betroffen. Er sagte sofort zu, für uns da zu sein. Außerdem betonte er, dass wir ihn auch schon vorher jederzeit ansprechen können. Zum Abschluss des intensiven Gespräches sprach er ein kleines Gebet mit uns. Obwohl ich nicht sehr gläubig bin, war es sehr schön und stimmig für mich.

Liebe Grüße, deine Große

Liebe Grama,

obwohl ich jeden Tag mit Mariella in meinem Bauch genieße, obwohl ich mich über jede ihrer flügelzarten Bewegungen freue, bin ich so traurig. Jeder Tag mit ihr in meinem Bauch ist einer von nur wenigen, die wir gemeinsam haben.

Das ist doch nicht fair. Es ist so schön und gleichzeitig so traurig. Es ist ein Wechselbad der Gefühle. Außerdem kann ich manchmal nicht glauben, dass etwas so Lebendiges wie unsere Tochter bald sterben wird.

Schade, dass du ihre Bewegungen nicht fühlen kannst. Ich bin mir sicher, du würdest dich sehr freuen und du hättest die Kraft, das Schöne in dieser Situation zu sehen.

Einfach, im Moment zu sein und für diesen Augenblick das Leben und die Liebe zu spüren.

Ach Grama, deine bedingungslose Liebe fehlt mir.

Deine Große

Liebe Mama,

Susanne hat uns gefragt, ob wir nicht einiges für die Geburt von Mariella vorbereiten wollen. Nicht nur die normalen Dinge, sondern vielleicht auch eine schöne Kerze und vor allem aber Gips. Damit wir die Hände und Füße unserer Tochter als Gipsabdruck zur Erinnerung an sie behalten können. Daran hatte ich noch gar nicht gedacht.

Es ist eine sehr schöne Idee und Torben hat gestern sofort ein Modellierset besorgt. Eine passende Kerze habe ich noch zu Hause. Ich könnte sie noch mit Fynn zusammen mit Kerzenwachs verzieren.

Auch die Fotografin hat sich noch einmal gemeldet, und so bin ich beruhigt, dass mit den Fotos alles klar ist. Außerdem habe ich im Forum davon gelesen, dass es schön sei, etwas zu haben, das man dem Kind mitgeben und selber behalten kann. Also entweder etwas, das man auseinanderschneidet, oder etwas, das man als Paar hat.

Liebe Grüße, deine Große

Liebe Oma,

nun bleiben uns nur noch wenige Tage bis zu der Geburt von Mariella. Gestern war ich zur Kontrolluntersuchung in der Klinik. Ihr Herz schlägt kräftig und sie ist gut entwickelt. Es ist so schön und gleichzeitig so traurig, im Ultraschall zu sehen, dass alles an ihr dran ist. Alles ist perfekt – bis auf ihren Kopf.

Gestern habe ich in Großaufnahme gesehen, wie sie an ihrem winzigen Daumen lutscht. Das sah so friedlich aus und ich wusste, wir haben die richtige Entscheidung getroffen. Auch wenn sie bald sterben wird, hat sie in meinem Bauch ihr Leben gelebt und sie hat Liebe empfangen und auch Liebe gegeben.

Auch Torben war dabei. Er hat meine Hand genommen und sie fest gedrückt. Wir waren beide von der Innigkeit dieser Bilder berührt. Sie waren wie ein letztes Geschenk vor der Geburt. Der Arzt hat viele Fotos gemacht und uns eine der Aufnahmen ausgedruckt. Das Foto habe ich in der Küche aufgehängt. Ich muss es einfach jeden Tag anschauen.

Ich hoffe so sehr, dass mein kleines Mädchen es schafft und dass ich sie lebend in den Arm nehmen kann.

Übrigens, ich habe von dir geträumt. In diesem schönen Traum hast du auf deiner Terrasse gesessen und etwas für Mariella gestrickt. Vielleicht war das ein Zeichen. Ich habe mich also für ein Paar Strickschuhe entschieden, von denen einen Mariella bekommt und einer bei uns bleibt. Ich habe sie im Krankenhaus bei der Vorbesprechung zur Geburt gesehen und werde ein hübsches Paar aussuchen. Lieber würde ich sie natürlich von dir gestrickt bekommen, aber das geht ja leider nicht.

Bitte denk an uns, das können wir für die nächsten Tage sicher gebrauchen.

Liebe Grüße, deine Große

Liebe Grama,

Mariella wurde vor drei Tagen spontan geboren. Morgens habe ich leichte Wehen bekommen, und Torben ist mit mir in die Klinik gefahren. Vorher haben wir noch bei Susanne angerufen. Sie hat sich auch sofort auf den Weg gemacht.

In der Klinik war schon alles für uns vorbereitet. Die Ärzte, die wir übrigens von den Vorsorgekontrollen her schon sehr gut kannten, waren sehr nett zu uns und ich fühlte mich ganz geborgen. Dadurch, dass Susanne bei mir war, konnte ich mich viel besser in der Klinikatmosphäre entspannen. Ich war aber insgesamt trotzdem viel aufgeregter als bei Fynns Geburt.

Als Erstes wurde ein CTG geschrieben. Zum Glück war alles in Ordnung. Die Wehen wurden dann zwar schwächer und mussten künstlich vorangetrieben werden, aber die Schmerzen hielten sich in Grenzen. Es war nicht so wie bei Fynn, als ich doch ziemlich geschrien habe. Torben und Susanne waren die ganze Zeit bei mir. Ich habe keine andere Hebamme zu Gesicht bekommen. Auch die Ärzte hielten sich zurück. So entstand eine sehr persönliche Atmosphäre.

Nach nur zwei Stunden kam unsere kleine Maus auf die Welt. Sie schrie einmal aus Leibeskräften. Sie lebte! Ich war so glücklich und dankbar. Wir konnten Mariella in die Augen schauen. Das war es, was ich mir so sehr gewünscht hatte. Susanne legte sie mir unter Tränen auf den Bauch. Torben saß neben mir und legte seinen Arm um uns. Wir schauten uns an, und die Tränen liefen Torben und mir über das Gesicht.

Dann waren unsere Blicke fest auf unsere kleine Tochter geheftet. Ich war so glücklich, dass wir uns für sie entschieden haben und sie nun auf meinem Bauch lag und so zufrieden aussah. Mama, sie hatte sogar einen Saugreflex und nuckelte an meiner Brust. Es war aber deutlich zu spüren, dass es nur ein Nuckeln war, sie hat nicht geschluckt. Susanne ließ uns alleine, um den Arzt zu holen und vielleicht auch, um uns Zeit für uns drei alleine zu schenken. Es war so ein inniger Moment, den ich nie vergessen werde.

In diesem Augenblick wusste ich die Antwort auf meine Frage, wieso uns dies passierte. Es war die Liebe. Liebe und Vertrauen haben mich für das Weitertragen entscheiden lassen, und durch die Liebe bin ich Torben viel nähergekommen. Liebe hat uns mit unserem Sohn und nun auch mit unserer Tochter verbunden. Es war merkwürdig, aber ich fühlte mich in diesem schon fast magischen Augenblick eins mit dem Universum. Ich wusste: So wie es jetzt ist, so stimmt es.

Susanne kam schließlich mit dem Arzt wieder. Er untersuchte Mariella und legte ihr dann, in Absprache mit uns, eine Magensonde. Danach wusch Torben unsere Tochter gemeinsam mit Susanne. Sie zogen ihr einen schönen rosafarbenen Strampler an. Die offene Schädeldecke wurde mit einem Verband und abschließend mit einem passenden Mützchen versorgt. Obwohl ich mir die Sache mit der offenen Schädeldecke schlimmer vorgestellt hatte, war ich froh, als sie die Mütze trug. Aber diese Fehlbildung gehört nun mal zu unserer Tochter und ich bin froh, dass ich sie gesehen habe.

Danach legte mir Torben Mariella wieder in die Arme. Ihre Atmung war gut und sie war auch nicht blau. So konnten wir in Ruhe Gipsabdrücke von ihren Händen und Füßchen machen. Ich war so froh, dass Mariella am Leben war und dass es ihr den Umständen entsprechend gut ging. Trotzdem war ich mir bewusst, dass wir nur eine kurze Zeit mit ihr verbringen können. Jeder Atemzug brachte sie ihrem Tod näher. Das klingt dramatisch, aber ich war mir dessen die ganze Zeit über bewusst.

Wie soll ich dir beschreiben, was ich gefühlt habe? Ich war einerseits so glücklich darüber, dass sie lebte und gut atmete und dass die Geburt ohne Komplikationen verlaufen war. Andererseits hatte ich die Angst und vor allem die Zeit im Nacken. Ich war müde und gleichzeitig total aufgekratzt.

Wir hatten uns ja schon vorher entschieden, dass wir Mariella in der Klinik taufen lassen wollten. Torben rief also beim Pfarrer an, dass er bitte kommen solle. Bei der Taufe war unser Pfarrer sichtlich bewegt und es war eine sehr ergreifende Zeremonie. Er verglich unsere Tochter mit einer

Rose, die schnell verblühen, aber mit ihrer Schönheit noch lange in uns weiterwirken würde. Diese Worte werde ich nicht vergessen. Er ließ uns dann wieder alleine.

Torben und ich waren so voller Liebe für unsere Tochter, wir konnten uns nicht sattsehen an ihr. Genauso wie damals bei Fynn. Mariella hat uns mit ihren blauen Augen angeschaut und sogar unsere Finger mit ihren kleinen, zarten Fingerchen umklammert. Es war unglaublich berührend.

Ihre Atmung war weiterhin stabil, und nach vier Stunden durften wir mit ihr nach Hause fahren. Susanne hat sich zum Abschied sogar bedankt, dass sie diese besondere Geburt miterleben durfte, und dann hat sie mich umarmt.

Ach Mama, mir kamen wieder die Tränen. Ich habe das Gefühl, dass durch Mariella viele Menschen berührt wurden.

Zu Hause wartete schon Yvonne mit Fynn. Mama, du glaubst gar nicht, wie sehr Fynn sich über seine kleine Schwester gefreut hat! Er fragte gar nicht, wieso ihr Köpfchen so merkwürdig aussah. Er streichelte seiner kleinen Schwester über die Wangen und sagte immer wieder: „Lieb, lieb." Es war so schön, aber auch so herzzerreißend. Mariella schlief abwechselnd in unseren Armen.

Bald klingelte die Fotografin. Ins Krankenhaus hatte sie es ja nun gar nicht mehr geschafft. Aber Mariella hier in unserem Zuhause fotografieren zu können, war fast mehr, als ich erhofft hatte. Die Fotografin machte unglaublich viele Fotos – von Mariella allein, mit uns und mit Fynn –, sie bat um unsere Eheringe, die sie auf Mariellas Hand platzierte und hatte weitere wunderbare Ideen für ganz besondere Motive.

Abends kamen unsere engsten Freunde dazu, also Nele und Peter und Maik und Lisa, die sich schon die ganze Zeit während der Schwangerschaft um uns gekümmert hatten. Yvonne schaute auch noch einmal vorbei. Wir zündeten einige Kerzen an und redeten viel.

Auch Susanne kam am späteren Abend noch einmal, sie sah nach mir und Mariella, trank einen Orangensaft mit uns und fuhr dann wieder nach Hause.

Es war so eine tiefe Verbindung zwischen uns allen, es war unglaublich. Schade, dass du nicht dabei warst.

In dieser Nacht schlief Mariella ruhig und friedlich zwischen uns. So, als sei sie schon immer hier gewesen. Nachts wachte ich immer wieder auf und kuschelte mich eng an unsere Tochter. Torben gab ihr regelmäßig meine abgepumpte Milch durch die Magensonde. Natürlich war es nur ganz wenig, aber ich wollte Mariella alles geben, was möglich war.

Auch die nächsten zwei Tage waren gefüllt mit Innigkeit und dem gemeinsamen Erleben. Die ganze Zeit über war ich glücklich, dass wir so intensive Momente mit unserer Tochter verbringen durften. Sie schrie nur ganz selten und reagierte auf meine Kuscheleien. Fynn hat ihr immer wieder etwas vorgesummt und sie gestreichelt. Er war wirklich ganz der stolze große Bruder.

Torben und ich sind uns sicherer als je zuvor, dass wir die richtige Entscheidung getroffen haben. Mariella wirkte so zufrieden und gab uns das Gefühl, glücklich zu sein. Sie war nicht blind oder taub, wie wir befürchtet hatten. Sie reagierte auf uns, lächelte ihr Engelslachen und strampelte. Sie liebte es, wenn Torben oder ich sie in den Armen hielten und wir ihr etwas vorsangen.

Damit sie etwas von der Welt sehen konnte, gingen wir auch mit ihr nach draußen in den Garten. Es war so schön zu beobachten, wie Fynn mit seiner kleinen Schwester umging. Ganz natürlich, und Zeichen der Eifersucht konnte ich nicht feststellen.

Unser Pfarrer kam auch vorbei und brachte uns das Taufbüchlein mit. Abends klebten wir ein Foto von Mariella hinein. Der Taufspruch, den wir uns schon vor einer Weile ausgesucht hatten, kam mir nochmals passender vor – 1. Korinther 13.8: Die Liebe hört niemals auf.

Obwohl alles so innig war und sich richtig anfühlte, überrollte mich manchmal die Traurigkeit. Dann war ich richtig fertig und weinte still vor mich hin. Doch Mariella hat mich da immer schnell wieder rausgeholt. Sie war so schön, ihre Füßchen waren so weich und ihre Lippen schön geschwungen. Wenn sie ihre Mütze trug, konnte man fast denken, dass sie ein ganz normales Baby sei.

Leider war sie es nicht. Zwei ganze Tage lebte unsere kleine Maus mit uns. Gestern wurde dann ihre Atmung schlechter. Wir riefen in der Klinik an und die Ärzte sagten, wir könnten kommen. Doch irgendwie hatte ich das Gefühl, dass Mariella zu Hause bleiben wollte. So holten wir Fynn, damit er seiner kleinen Schwester Lebewohl sagen konnte. Torben und ich wollten nicht, dass er dabei ist, wenn Mariella stirbt. Er sollte sich an sie im Guten erinnern. Außerdem hatte ich große Bedenken, dass er unsere Angst spürt und sich diese auf ihn überträgt.

Mariella war bei mir auf dem Arm und Torben hat Fynn auf seinen Schoß gehoben. Wir sagten ihm, dass seine kleine Schwester nicht mehr bei uns bleiben könne und dass sie uns nun verlassen würde. Ich weiß nicht, was er davon verstanden hat, denn er ist ja noch so klein. Doch mir war es wichtig, dass er sich von Mariella verabschiedet. Er streichelte ihre kleine Hand und sagte: „Schü."

Wir riefen Yvonne und Nele an. Sie verabschiedeten sich erst von Mariella, dann nahm Yvonne Fynn mit zu sich nach Hause. Nele umarmte mich und Torben lange, dann fuhr sie nach Hause. Sie war ziemlich fertig.

Torben und ich gingen ins Schlafzimmer und hielten unser Kind gemeinsam im Arm. Eng umschlungen saßen wir auf dem Bett. Mariellas Atmung setzte immer öfter aus und sie wurde langsam blau. Tränen liefen mir über das Gesicht, und auch Torben weinte. Obwohl ich ja vom Zeitpunkt der Entscheidung für unsere Tochter an gewusst habe, dass der Abschied unvermeidlich sein würde, wollte ich sie nun nicht gehen lassen.

Mariella holte immer wieder tapfer Luft. Ich spürte, dass sie uns liebte und uns nicht verlassen wollte. Doch irgendwann war ihre Kraft zu Ende. Sie wurde schwächer in unseren Armen und es war ein furchtbares Gefühl, nichts für unsere Tochter machen zu können. Wir konnten ihr nicht helfen. Wir drückten sie an uns und sagten ihr, dass es in Ordnung sei, wenn sie uns nun verlassen würde. Außerdem sagten wir ihr immer wieder, dass wir sie lieben und wie glücklich sie uns gemacht hat. Schließlich holte sie noch einmal tief Luft und atmete danach aus. Dann wurde sie leicht wie eine Feder. Sie ist ganz friedlich in unseren Armen eingeschlafen.

Mama, nun ist Mariella bei dir und du kannst sehen, was für ein Engel unsere kleine Maus ist.

Bitte pass gut auf sie auf. Deine Große

Liebe Grama,

nun sind schon zwei lange Tage seit dem Tod von Mariella vergangen. Torben hat zwei Wochen Urlaub genommen, und darüber bin ich sehr froh. Nachdem Mariella gestorben ist, haben wir sie noch lange im Arm gehalten. Erst am nächsten Morgen kam der Bestatter und hat sie abgeholt. Das war richtig schlimm. Fast schlimmer als ihr Tod, denn da hat sie uns endgültig verlassen.

Fynn hat nach ihr gesucht, das war ganz offensichtlich. Wir haben ihm erklärt, dass seine Schwester gehen musste und nun im Himmel bei Oma und Opa lebt. Das schien für ihn in Ordnung zu sein. Hauptsache, sie war noch irgendwo.

Nächste Woche wird Mariella beerdigt. Es ist so traurig, dass sie nicht mehr bei uns ist. Wir vermissen sie sehr. Das Einzige, was mir Trost gibt, ist, dass unsere kleine Tochter nun bei dir ist. Sie ist nicht alleine, und das fühlt sich gut an. Gib ihr bitte einen dicken Kuss von mir!

Morgen fahren Torben, Fynn und ich zum Bestatter. Wir möchten den Sarg von Mariella bunt anmalen und ihre Stofftiere und natürlich den Strickschuh mitnehmen. Sie soll nicht alleine in dem Sarg liegen. Ja, ich weiß, das klingt komisch. Aber für mich ist es einfacher, wenn der neue kuschelige Teddy bei ihr ist.

Wir haben Fynn erklärt, dass wir für seine kleine Schwester eine bunte Schachtel anmalen werden, damit sie darin im Himmel schlafen kann. Er ist noch so klein, aber irgendwie scheint er viel zu verstehen. Kleine Kinder sind an vielen Dingen noch ganz nah dran. Deshalb glaube ich auch nicht, dass es problematisch für ihn ist, wenn wir ihn so intensiv mit einbinden und ihn auch den Sarg mitbemalen lassen. Mariella ist seine kleine Schwester und er hat sie kennenlernen dürfen. Sie ist zwar gestorben, aber wir werden uns oft an sie erinnern. Sie ist durch ihren Tod nicht einfach weg. Sie bleibt ein Teil der Familie. Deshalb ist es auch für Fynn wichtig, dass er weiß, was mit ihr passiert ist. Sicher, wir werden keine

Manie daraus machen und ständig von seiner toten Schwester sprechen, aber wir werden zusammen an sie denken. Sie wird ein Grab bekommen und wir werden einen Ort haben, wo wir sie besuchen können.

Obwohl ich das eigentlich gar nicht brauche. Mariella ist für immer in meinem Herzen, sie ist ganz nah bei mir. Sie wird für immer meine süße, kleine Tochter sein. Sie ist für mich ein kleiner Engel, der kurz mit seinen Flügeln die Erde gestreift hat. Ein Engel, der mich, Torben, Fynn und so viele Menschen berührt hat.

Ach Mama, trotzdem bin ich heute so unendlich traurig.

Liebe Grüße, deine Große

··

06. FEBRUAR

··

Liebe Mama,

gestern waren wir bei dem Bestattungsunternehmen. Sie waren alle sehr nett und mitfühlend dort. Das tat gut.

Der Sarg ist so klein, es tat weh, ihn zu sehen. Wir haben dort Farbe und Pinsel bekommen – und vor allem Zeit. Es tat gut, diesen unpersönlichen Sarg zu unserem Bettchen für Mariella zu machen. Er wurde im Laufe der Stunde dort zu einem Mittler von der Erde in den Himmel. Fynn war mit Feuereifer dabei und er war danach mit Farbklecksen übersät.

So hatten Torben und ich auch etwas zu lachen, trotz der vielen Tränen. Ach Mama.

Liebe Grüße, deine Große

Liebe Grama,

wie soll ich dir unseren Alltag beschreiben? Ich lebe noch zwischen den Welten. Jeden Tag bin ich tieftraurig und merke, dass ich Mariella innerlich noch nicht loslassen kann. Torben geht es ähnlich.

Wir haben die restlichen Fotos ausgedruckt und teilweise gerahmt. Das macht es mir aber im Moment nicht leichter. Mariella fehlt mir so. Sie war und ist meine Tochter, und nun ist sie nicht mehr bei mir. Wieso, Mama? Ich möchte sie zurück, so wie sie war. Sie war nicht hässlich oder missgestaltet. Vielleicht mögen das Außenstehende anders gesehen haben, aber für mich war sie einfach nur hübsch.

Als Susanne vorbeikam und vorsichtig meine Brust ausstrich, die durch den Milcheinschuss ziemlich hart ist, da brach wieder einmal alles aus mir hervor. All das Unverständnis über das Warum. Ich kann es nicht verstehen. Warum musste Mariella von uns gehen?

Nele war auch da. Wir haben nicht geredet. Wir saßen still auf dem Sofa, und Nele hat mich einfach nur in den Arm genommen und mir über den Rücken gestreichelt. So wie du es auch gemacht hättest.

Mariella fehlt mir.

Du fehlst mir.

Deine Große

Liebe Mariella,

heute schreibe ich dir, auch wenn sich alles in mir dagegen sträubt dies tun zu müssen. Viel lieber würde ich mit dir kuscheln und dir all meine Liebe ins Ohr flüstern. Doch das kann ich nun nicht mehr. Trotzdem will ich dir etwas sagen: Du fehlst mir so. Nicht nur mir, auch Papa und Fynn. Wir vermissen dich sehr.

Ich hoffe, dass es dir gut geht und ich möchte mich bei dir für unsere schöne gemeinsame Zeit bedanken. Du bleibst in unseren Herzen und wirst dort für immer einen besonderen Platz haben.

Mein kleiner Engel, ich liebe dich.

In Liebe, deine Mama

Liebe Mama,

heute war Mariellas Beerdigung. Lange vor der eigentlichen Zeit waren wir schon in der Kapelle. Dort konnten wir in Ruhe und allein nochmal Abschied von unserer Tochter nehmen.

Ihre kleinen Stofftiere und der Schuh lagen schon neben ihr, aber wir hatten noch den Teddy dabei und auch noch eine flauschige Babydecke. Mama, sie sah so einsam in diesem Sarg aus. So verloren.

Das wurde erst besser, als der Teddy neben ihr lag. Ich habe ihn so an Mariella gekuschelt, dass er seinen weichen Arm um Mariella gelegt hat. Ach Mama, es hat so weh getan, nun endgültig von Mariella Abschied zu nehmen. Es ging alles so schnell. Als ich vor dem Sarg stand und Mariella anschaute, da flog meine ganze Schwangerschaft mit ihr noch einmal an mir vorbei. So viele Momente kamen mir in den Sinn. Der erste Schock, dann die Entscheidung für das Weitertragen, die Schwangerschaft mit ihrem Wechselbad der Gefühle, ihre Geburt, die schöne gemeinsame Zeit mit ihr.

Und nun stand ich vor ihr und es war alles vorbei. Einfach so – keine Mariella, die ich in den Arm nehmen kann, keine gemeinsamen Stunden mehr mit ihr. Es tat weh und es tut noch weh. Mariella hinterlässt eine große Wunde in mir, die nicht einfach so zuheilen wird. Das habe ich ganz deutlich gespürt. Ich war, trotz aller Trauer, auch in diesem Moment froh, dass wir uns für das Austragen unserer Tochter entschieden haben. Torben nahm meine Hand, und wortlos standen wir vor unserer kleinen Tochter und nahmen Abschied.

Fynn war währenddessen bei Nele. Vielleicht hätte er Angst bekommen, wenn Mariella in dem Sarg liegt und der Deckel zugemacht wird? Nele hat Fynn die ganze Zeit während der Beerdigung bei sich zu Hause gehabt. Torben und ich hatten im Vorfeld lange darüber geredet. Uns erschien es einfach besser so. Sie hatte es uns angeboten und ich glaube, für sie wäre die Beerdigung von Mariella auch mit zu vielen Erinnerungen an den Tod ihres Sohnes verbunden gewesen. Dafür ist Peter aber gekommen. Darüber habe ich mich, trotz aller Trauer, sehr gefreut.

Viele weitere Menschen kamen zur Beerdigung. Arbeitskollegen, Nachbarn und entfernte Bekannte. Einige kannte ich gar nicht. So ist das wohl in einem kleinen Dorf. Es war ja für alle sehr überraschend, dass Mariella gestorben war, denn wir hatten zuvor kaum jemandem von der Diagnose erzählt. Doch die Anteilnahme war unglaublich.

Unsere Freunde saßen neben uns in der Kapelle. Das war gut, denn so habe ich mich nicht alleine gefühlt. Torben war an meiner rechten Seite und Yvonne an meiner linken. Die Trauerzeremonie war sehr schön und individuell. Es war ein würdiger Abschied für Mariella.

Schlimm war es nochmal, als der kleine Sarg in die Erde gelassen wurde. Ich konnte nicht mehr. Unsere kleine Maus da hinunter, in die dunkle Erde? Wo ich sie nicht mehr sehen konnte? Meine Tochter? Am liebsten hätte ich sie wieder hoch ans Licht geholt.

Zum Glück hat mich Torben in diesem Moment ganz fest in den Arm genommen. Yvonne hatte einen rosa Luftballon dabei, den sie dann in die Luft steigen ließ. Der Wind hat ihn hoch in die Wolken geweht, und irgendwie hat mir das Trost und Hoffnung gegeben, dass unsere Tochter auch so leicht und zart hoch in den Himmel kommt. In einigen Tagen gehen wir zusammen mit Fynn an Mariellas Grab. Wir werden einige Kerzen aufstellen, dann hat sie zumindest etwas Licht.

Ist sie denn nun schon bei dir? Ich habe sie in der festen Hoffnung gehen lassen, dass du ihr eine gute Begleiterin sein wirst. Die Oma, die sie auf Erden nie hätte haben können. Das tröstet mich ein wenig.

Liebe Grüße, deine Große

Liebe Grama,

die Zeit nach der Geburt ohne ein Kind im Arm ist furchtbar. Ich fühle mich noch so aufgerissen und verletzt. Obwohl ich keine Verletzungen habe. Aber ich fange bei jeder Kleinigkeit an zu heulen, genauso wie in der Schwangerschaft. Ich bin nicht ausgeglichen und in keiner Weise belastbar. Weißt du, was ich meine? Kein Babylachen, kein schmatzendes Geräusch von einem gestillten Kind und vor allem kein Babygeruch in der Luft. Das vermisse ich so.

Dieser Geruch nach etwas Neuem, nach einem jungen Leben, nach Reinheit. Eben dieser typische und so besondere Babygeruch. Keine Schnuller im Bett, nichts. Da ist einfach nichts außer der Erinnerung und den Fotos von ihr. Nur eine große Leere in mir. Die gemeinsame Zeit mit Mariella war viel zu kurz. Die Eltern im Forum geben mir immer wieder Hoffnung, dass die Trauer irgendwann nachlässt, doch im Moment spüre ich davon noch nichts.

Liebe Grüße, deine Große

Liebe Grama,

heute waren wir alle zusammen am Grab von Mariella. Es tat so gut, dass Fynn dabei war. Dadurch ist mir dieser Weg leichter gefallen. Fynn erinnert mich jeden Tag daran, dass das Leben weitergeht und dass die

Sonne wieder aufgeht. Wir haben schöne Windlichter aufgestellt und angezündet. Außerdem sitzen nun auch einige Kuscheltiere dort. Es ist gut, dass wir einen Ort zum Trauern haben.

Ich vermisse Mariella sehr. Deine Große

13. FEBRUAR

Liebe Grama,

gestern habe ich einen Brief an unsere Tochter geschrieben. Es hat mir richtig gutgetan. Durch diese Briefe an dich – und nun auch an Mariella – kann ich diese ganze Sache besser verarbeiten. Außerdem fühle ich mich euch dann so nah. Torben arbeitet wieder und ich bin tagsüber alleine mit Fynn. Nele kommt oft mit ihren Kindern vorbei, dann haben wir unglaublich viel Trubel im Haus und ich komme überhaupt nicht dazu, mich einsam zu fühlen. Fynn geht es sehr gut, er lacht viel und macht, wie üblich, mit Timmi lauter Quatsch.

Unser Hund ist schon ein ganz besonderer. Es ist wirklich merkwürdig oder eigentlich eher unglaublich: Wenn ich doch mal einen Durchhänger habe, in der Küche stehe und weine, dann kommt Timmi, setzt sich vor mich hin und schaut mich intensiv an. Er scheint meine Stimmungen wirklich mitzubekommen. Eine richtige Familie: Torben, Fynn, Timmi, ich und Mariella im Himmel.

Ich male wieder – Aquarelle. Ich schaue den Farben beim Zerfließen zu und fühle mich dann von den Erinnerungen an dich und von deiner Liebe eingehüllt.

Das tut gut. Deine Große

Liebe Mariella,

ich vermisse dich noch immer sehr.

Du fehlst mir. So gerne würde ich

dir meine Liebe schenken und dich in

meinem Arm halten. Ich denke an dich,

meine kleine Maus.

In Liebe, deine Mama

Liebe Grama,

nun ist unser Abschied von Mariella schon zwei lange Wochen her. Die Zeit rast, und doch vergeht sie so langsam.

Wie soll ich meine Situation beschreiben? Meine Trauer überwältigt mich immer wieder, und dann bin ich unfähig, irgendetwas im Haushalt zu tun. Das führt dazu, dass Torben abends kein Essen bekommt und sich selber etwas kochen muss. Er hat sich noch mit keinem Wort beschwert, doch so kann es ja nicht ewig weitergehen. Ich hätte nicht gedacht, dass Mariella so eine tiefe Wunde in mir hinterlässt.

Torben geht ganz in seiner neuen Arbeitsstelle auf und erzählt abends sehr viel davon. Manchmal nervt mich das, denn ich würde lieber über uns und unsere Tochter reden. Ich verliere da im Moment etwas Entscheidendes. Man kann unmöglich nach so einem Erlebnis wieder auf das Normalprogramm umschalten.

Fynn geht es gut und er hat viel Kontakt zu Neles Kindern, neuerdings aber auch zu Kindern aus der Nachbarschaft. Er blüht richtig auf. Er ist noch zu klein, um bewusst an Mariella zu denken oder sie bewusst zu vermissen. Ich bin mir aber sicher, dass er sie tief in seinem Herzen kennt und dort die Erinnerungen an sie behalten wird.

Es ist schon verrückt: Die ganze Zeit, seitdem wir uns für Mariella entschieden haben, bin ich in Gedanken nur bei der Schwangerschaft und der Geburt gewesen. Meine ganzen Hoffnungen waren darauf ausgelegt, unserer Tochter in die Augen schauen zu können, ihre Stimme zu hören und sie lebendig in den Arm nehmen zu können.

Sicher, auch an ihren Tod habe ich mit Angst gedacht. Aber die Zeit danach, nach ihrem Tod, habe ich überhaupt nicht vor Augen gehabt, und die Gefühle überrennen mich nun. Es ist, als könne ich mich nicht dagegen wehren. Diese Traurigkeit und Dunkelheit, die mich hinunterzieht. Es ist natürlich nicht den ganzen Tag in mir finster und trüb. Ich kann über Fynn schmunzeln und auch über die alltäglichen, lustigen Situationen im

Familienleben. Aber immer wieder kommen dann Erinnerungen an unsere Tochter hoch und damit die Gewissheit, dass sie nicht mehr bei uns ist und all das Schöne nicht miterleben kann.

Natürlich weiß ich, dass sie durch ihre Behinderung nicht länger leben konnte und dass es für sie wohl besser war, dass sie gestorben ist. Die Magensonde hat sie sicherlich nicht belastet und auch keine Schmerzen verursacht, aber wie hätte es mit einer Beatmung ausgesehen? Auf keinen Fall hätte ich gewollt, dass unsere kleine Maus leiden muss. Ihr Leben künstlich verlängern zu lassen, damit sie vielleicht einige Tage länger hätte leben können, konnte ich mir nicht vorstellen.

Und nun ist sie nicht mehr bei uns.

Wie es ihr wohl geht? Du weißt es bestimmt und ich bin so froh, dass du bei ihr bist und auf sie aufpassen kannst. Das macht ihren Tod für mich erträglicher.

Die Zeit heilt alle Wunden, das hast du früher zu mir gesagt, als sich meine erste große Liebe von mir getrennt hat. Du warst damals so wichtig für mich und du hattest recht, die innerliche Verletzung ist geheilt. Also hoffe ich auch in diesem Fall, dass es so sein wird.

Liebe Grüße, deine Große

Liebe Grama,

Torben, Fynn und ich unternehmen viel im Moment. Das tut mir sehr gut und lenkt mich ab. Trotzdem fehlt mir unsere kleine Maus. Meine Gefühle für sie sind unglaublich stark.

Wie wäre das, wenn wir abgetrieben hätten? Ich glaube, so oder so ist es schwer. Die Abtreibung hätte mich aus der schockartigen Starre befreit. Ich wäre sehr schnell aus dieser unerträglichen Situation heraus gewesen. Aber dann, was wäre dann passiert?

Im Moment habe ich das Gefühl, dass einen die Trauer in jedem Fall überwältigt. Bei einer Abtreibung kommen vielleicht noch Schuldgefühle dazu. Ich weiß es nicht. Jeder Fall ist anders, jedes Kind ist anders. So froh ich auch bin, dass wir uns für diese Schwangerschaft und für das Weitertragen unserer Tochter entschieden haben, ist es doch manchmal eine Qual, morgens aufzustehen und Fynn eine gute Mutter zu sein. Das klingt jetzt komisch, aber ich meine damit, dass ich ihm eine Mutter wünsche, die nicht so traurig und so gefangen in der Erinnerung ist.

Für mich bin ich trotz allem sicher, dass ich die richtige Entscheidung getroffen habe. Unsere Tochter hat gelebt, und sie hat nun ihren Platz gefunden. Das tröstet mich ungemein. Sie ist nicht in meinem Bauch getötet worden und sie wurde auch nicht durch eine vorzeitig eingeleitete Geburt aus mir herausgetrieben. Sie hat die Zeit bekommen, die sie gebraucht hat, um geboren zu werden. Wir haben nichts beschleunigt oder erzwungen. Liebe als Lösung kann nicht verkehrt sein.

Wieso fühle ich mich aber so leer?

So schrecklich unvollständig und einsam?

Liebe Grüße, deine Große

Liebe Grama,

wenn ich Mariella einen Brief schreibe, falle ich in ein großes, dunkles Loch. Das kann ich nicht mehr so weitermachen, ich muss einen anderen Weg finden. Schließlich ist ein Sternenkind nicht mehr wert als ein Erdenkind. Ich möchte für Fynn und Torben da sein. Sie möchten mit mir leben, wirklich lebendig sein und mit mir gemeinsam das Leben in unserer Familie spüren.

Manchmal reden Torben und ich über Mariella, aber irgendwie habe ich das Gefühl, dass es für ihn nicht mehr so wichtig ist, über unsere Tochter zu sprechen. Sicher, er geht mit mir und Fynn ans Grab von Mariella und wir stellen ihr regelmäßig frische Blumen in die Vase. Doch ich glaube, er hat mit seiner Tochter und dem Geschehenen schon seinen Frieden gemacht. Er wirkt ausgeglichen und zufrieden. Gestern habe ich ihn darauf angesprochen und er meinte zu mir, dass er Mariella sehr geliebt habe und ihm die gemeinsame Zeit mit ihr sehr wichtig gewesen sei, er sie nun aber losgelassen habe und sich frei fühle für ein Leben mit mir und Fynn. Mariella lebe immer in seinem Herzen.

Torben hat auch mit Sport angefangen, er fährt am Wochenende viel Rad. Ich glaube, da reagiert er sich ab und holt sich Kraft. Es ist wie ein Ausgleich für ihn. Ach Mama, von mir kann ich das noch nicht sagen, dass ich einen neuen Sinn in irgendetwas sehe. Wird sich das überhaupt irgendwann einstellen in mir? Es ist nun schon einige Wochen her, dass Mariella gestorben ist, und ich spüre keinen Fortschritt. Schon merkwürdig, oder?

Und mir fällt auf: Ich spreche immer nur von ihrem Tod und nicht von ihrer Lebenszeit. Sie hat mir so viel gegeben. Wo ist meine Dankbarkeit für diese gemeinsame Zeit? Das kann mir doch keiner nehmen. Du hättest mich bestimmt schon daran erinnert, dass es ein Geschenk war, dass Mariella – wenn auch nur kurz – leben durfte. Ja, das hättest du bestimmt.

Liebe Grüße, deine Große

Liebe Grama,

mit Yvonne und Nele verbindet mich durch Mariella eine tiefe Freundschaft. Sie ist nun auf einem viel stabileren Fundament aufgebaut als vor meiner Schwangerschaft.

Wir machen viel gemeinsam, und gerade Nele holt mich mit ihrer quirligen Art regelmäßig aus der Dunkelheit. Es ist so schön, dass ich so gute Freundinnen habe.

Torben und Fynn geht es sehr gut. Fynn hatte gerade einen Wachstumsschub und er spricht schon richtig gut. Total süß. Ich liebe meine kleine Familie sehr.

Bald ist Ostern.

Weißt du noch, wie wir früher immer in der gemütlichen Küche saßen und die Eier bunt angemalt haben? Dieses Jahr werde ich es auch mit Fynn so machen, jetzt ist er groß genug dafür.

Liebe Grüße, deine Große

....

30. APRIL

....

Liebe Grama,

nun ist unsere Tochter schon drei Monate bei dir. Wesentlich hat sich in mir noch nichts geändert. Oder vielleicht doch?!

Ich denke mittlerweile oft über eine neue Schwangerschaft nach. Mit Torben habe ich schon darüber gesprochen. Er hat mich erstaunt und etwas überrumpelt angeschaut. Torben findet diesen Gedanken zu früh.

Er meint, wir sollten uns lieber noch etwas Zeit damit lassen. Für mich jedoch ist die Freude auf ein Kind ein Lichtblick in all den düsteren Gedanken.

Wie würdest du das wohl sehen, was würdest du mir raten? Wie gerne würde ich dich fragen.

Deine Große

08. MAI

Liebe Grama,

ja, ich möchte wieder ein Kind bekommen. Ich möchte wieder schwanger werden. Das wäre so eine Freude und so ein Geschenk für mich.

Ich gehe regelmäßig an Mariellas Grab und rede mit ihr. Oft begleiten mich Fynn und Torben, aber gerade am Wochenende nehme ich mir die Zeit auch oft alleine. Am liebsten hätte ich meine kleine Maus wieder. Sie hat mich trotz ihrer Krankheit so glücklich gemacht. Doch sie konnte ja nicht bei uns bleiben.

Ich halte es einfach nicht mehr aus. Die Trauer geht nicht weg oder wird weniger. Sie frisst mich auf. Ich weiß nicht mehr weiter. Ich will einfach wieder ein Kind. Wieder ein neugeborenes Kind im Arm halten. Wieder das Leben in mir spüren. Natürlich habe ich auch ein schlechtes Gewissen Mariella gegenüber, trotzdem ist dieser Wunsch so stark in mir ausgeprägt, dass ich manchmal an nichts Anderes denken kann.

Du weißt ja noch, wie ich mich gedanklich auf etwas so fixieren kann, dass für vieles andere kein Platz mehr bleibt. Früher hast du mir dann immer gesagt: Geh ein bisschen zur Seite und betrachte alles mit etwas Distanz. Dann siehst du ganz neue Möglichkeiten und Wege. Daran musste ich gerade heute wieder denken, doch ich kann nicht beiseite gehen. Dieses Mal nicht.

Liebe Grüße, deine Große

Liebe Grama,

ich verhüte einfach nicht mehr.

Torben findet es nicht gut, aber seine Gegenargumente sind ziemlich dünn. Für ein neues Kind sei er noch nicht bereit. Er wolle gerne mehr Zeit vergehen lassen und Abstand gewinnen. Ihn habe die letzte Zeit sehr mitgenommen, im Positiven wie auch im Negativen. Er fühle sich noch nicht stark genug für eine neue Schwangerschaft und die ganzen Eventualitäten. Er wolle sich nicht schon wieder Gedanken machen, ob das Kind gesund sei, und sich fragen, wie diesmal alles werden würde. Außerdem meinte er, dass auch ich mich erstmal um mich kümmern solle. Schöne Sachen machen, mich erholen.

Das Erste, was mir dazu durch den Kopf ging und was ich ihm auch sagte, war, dass es ja sehr unwahrscheinlich sei, dass wir wieder ein behindertes Kind erwarten würden.

Doch für ihn ist generell eine Schwangerschaft eine wichtige und schöne, aber auch anstrengende Zeit. Er braucht erstmal Raum für sich und für die Familie, also für Fynn und mich. Außerdem hat er mich gefragt, ob ich denn wirklich ein Folgekind möchte, also ein Geschwisterchen für Fynn, oder nur einen Ersatz für meine Trauer. Ob ich mir Gedanken darüber gemacht hätte, ob ich stark genug sei, einen eventuellen neuen Verlust zu bewältigen. Und ob ich auch mal an unsere Familie gedacht hätte, also nicht nur an mich, sondern auch an Fynn und ihn. Es würde hier ja nicht nur um mich gehen, sondern um alle. Es sei für ihn nicht in Ordnung, wenn ich das einfach so selbst entscheiden würde.

Ich möchte keinen Streit in der Familie und ich kann Torbens Argumente ja nachvollziehen, aber der Drang nach einem Kind ist einfach so stark in mir. Ich nehme auch schon seit einigen Wochen Vitaminpräparate, vor allem Folsäure, um körperlich diesmal besser vorbereitet zu sein. Ich glaube, es würde einfach gut passen. Wenn wir noch länger warten, dann wird der Abstand zwischen den Kindern immer größer, dann kann Fynn ja gar nichts mit seinem Geschwisterchen anfangen, nicht mit ihm zusammen spielen und Vieles mehr.

Du weißt ja, dass ich mir immer einen großen Bruder gewünscht habe. In meiner Phantasie hat er mir bei den Schulaufgaben geholfen und mich vor den frechen Nachbarskindern beschützt. Leider bin ich ein Einzelkind geblieben. Gerade jetzt könnte ich einen großen Bruder oder überhaupt Geschwister so gut gebrauchen. Du hast mir damals ja erzählt, dass selbst ich schon ein kleines Wunder war, denn eigentlich wurdest du von den Ärzten wegen einer Gebärmutteranomalie als unfruchtbar erklärt.

Wie auch immer, der Wunsch nach Geschwistern hat mich nie verlassen. Deshalb wünsche ich mir jetzt auch für Fynn ein Geschwisterchen, das mit ihm aufwachsen kann.

Trotzdem schwirren mir Torbens Argumente durch den Kopf. Ist es richtig, unter diesen Umständen – oder eher trotz dieser Widerstände – ein Kind zu zeugen?

Liebe Grüße, deine Große

20. Mai

Liebe Mama,

nun, da ich mich mit einer neuen Schwangerschaft beschäftige, fühle ich mich viel besser. Torben sieht dieses Thema noch immer sehr kritisch und meint, wir sollten noch warten. Wir hatten viel Streit in der letzten Zeit. Torben versteht auf der einen Seite meinen Wunsch nach einer neuen Schwangerschaft, aber er bleibt bei seinen Argumenten.

Doch er meinte auch, wenn es für mich so ein tiefer Wunsch sei, dann würde er mir die Entscheidung überlassen. Das ist nicht ganz das, was ich von ihm erwartet habe, eine echte Zustimmung wäre mir viel lieber. Trotzdem freue ich mich, Mama.

Liebe Grüße, deine Große

10. Juni

Liebe Mama,

vor zwei Tagen war Nele zu Besuch und ich habe ihr von meinen Wünschen erzählt. Sie war richtig schockiert und fragte mich eindringlich, ob ich denn dazu schon bereit sei. Sie meinte, es dauere, bis der Körper und die Seele wieder bereit für ein neues Kind seien. Doch sie konnte meine Gefühle und Sehnsüchte auch sehr gut verstehen, da sie nach dem Tod ihres Sohnes ähnlich gedacht hat.

Sie hat sich damals gezwungen, zu warten, und sich und ihrem Mann Zeit gegeben, die Trauer zu verarbeiten. Mama, aber ich bin gar nicht mehr traurig, seitdem ich auf ein neues Kind hoffe. Ich fühle mich leicht wie eine Schneeflocke und schwebe dahin. Ich tanze durch unser Haus, lache mit Fynn und Torben.

Kann das denn schlecht sein, wenn ich so glücklich bin? Deine Große

Liebe Grama,

letzte Woche waren die Eingewöhnungstage von Fynn im Kindergarten. Ich war jeden Tag dabei und er hatte viel Spaß. Nun geht er jeden Tag für zwei Stunden dorthin. Er ist in der Fische-Gruppe. Die vielen Kinder haben ihn am Anfang etwas erschreckt, aber nun ist er wirklich gerne dabei und kommt immer stolz wie Oskar nach Hause, wenn er ein Bild gemalt oder etwas gebastelt hat.

Es ist schön, dass er sich so weiterentwickelt. Ich weiß, dass er seinen Weg gehen und selbstständiger werden wird. Trotzdem fällt es mir schwer ihn loszulassen. Er fehlt mir morgens, obwohl er nur zwei Stunden weg ist. Klar, daran werde ich mich gewöhnen. Mit einem Baby im Bauch aber noch viel schneller. Wenn ich Fynn aus dem Kindergarten abhole, steigen manchmal Erinnerungen wie kleine Luftballons in mir auf: Ich stehe als kleiner Knirps auf einem Stuhl vor der Fensterbank und warte auf dein Auto, oder du ziehst mir liebevoll die Hausschuhe an und streichst mir über meine Haare zum Abschied. Es sind viele warme und irgendwie weiche Erinnerungen. In solchen Momenten bist du mir sehr nah.

Liebe Grüße, deine Große

Liebe Grama,

irgendwie bin ich sauer auf Nele und auch auf Torben. Wieso können sie mich denn nicht wirklich verstehen? Wieso sehen sie nicht, dass mir nur ein Kind aus dieser Trauer helfen kann?

Das erste Hochgefühl ist schon wieder verschwunden.

Nun bange ich, ob ich überhaupt noch einmal schwanger werden kann. Seit meiner Entscheidung für eine erneute Schwangerschaft sind schon wieder einige Wochen vergangen.

Aber ich bin nicht schwanger!

Grama, bin ich zu verbissen?

Deine Große

Liebe Grama,

gestern habe ich mich mit Torben gestritten. Richtig schlimm gestritten. Wir haben uns angebrüllt. Fynn ist aufgewacht und hat angefangen zu weinen. Torben meinte, ich würde mich und damit auch die ganze Familie unter Druck setzen.

Er versteht mich einfach nicht.

Niemand versteht mich. Ich habe noch immer Kontakt zu manchen Eltern im Internetforum. Sie meinen auch, wir sollten noch warten, wir würden beide merken, wenn der richtige Zeitpunkt für ein weiteres Kind gekommen sei.

Außerdem müsse der Wunsch von beiden Eltern geäußert werden und die Entscheidung zusammen getragen werden.

Ach Mama, ich bin ganz wirr im Kopf.

Deine Große

Liebe Mama,

im Moment fühle ich mich richtig schlecht und ich frage mich, ob es mir nach dem Tod von Mariella überhaupt wieder richtig gut ging.

Es ist seit meinem letzten Brief schon einige Zeit vergangen. Du siehst, nicht einmal zum Schreiben kann ich mich aufraffen. Mariella ist nun bereits über sechs Monate tot und ich bin immer noch nicht schwanger. Ich fühle mich so leer und empfinde mein Leben im Moment als absolut sinnlos. Ja, ich liebe Fynn und Torben, doch meine Seele fühlt sich so leer an.

Meine Gedanken drehen sich immer um eine erneute Schwangerschaft, die aber nicht in Sicht ist. Mit Torben rede ich schon gar nicht mehr darüber, da wir dann doch nur streiten.

Fynn gefällt es im Kindergarten sehr und er spricht mittlerweile richtig gut. Ich habe auch mit anderen Müttern im Kindergarten Kontakt, allerdings nur sporadisch, wenn man sich beim Bringen und Abholen sieht.

Obwohl ich auf der einen Seite glücklich mit Torben und Fynn bin, ist da trotzdem diese Leere in mir. Ich möchte ein Geschwisterchen für Fynn.

Ein Kind für mich und Torben. Ist das denn zu viel verlangt? Zusätzlich kommen immer wieder Schuldgefühle Mariella gegenüber hoch. Verrate ich mit dem Wunsch nach einem neuen Kind nicht unsere Tochter?

Ach Mama, wieder einmal wünsche ich mir, wir könnten miteinander reden. Mit einem Glas selbstgemachter Zitronenlimonade auf deiner Terrasse sitzen und einfach nur reden. Manchmal drückt es mir meinen Hals zu, wenn ich daran denke, dass dies nie mehr der Fall sein wird.

Liebe Grüße, deine Große

08. August

Liebe Mama,

ich bin völlig unentspannt, lebe gar nicht mehr richtig. Das fühlt sich nicht gut an. Was soll ich denn jetzt machen?

Was ist, wenn ich nie wieder schwanger werde?

Wenn wir kein anderes Kind bekommen können?

Wieso klappt es nicht? Ach Mama.

Im Moment fühle ich mich völlig versteinert. Nur Fynn kann mir ein Lächeln ins Gesicht zaubern. Ich muss mit Torben reden, über unser Leben und über eine neue Schwangerschaft. Ich muss einfach lernen, mit ihm so zu reden, wie mit dir früher. Offen und nicht verkrampft, wenn es um schwierige Themen geht, bei denen er anderer Meinung ist als ich.

Wie jetzt mit einer neuen Schwangerschaft. Es ist vielleicht doch falsch, das alleine zu entscheiden.

Torben hat Recht, wir sind eine Familie, und da hält man zusammen und trifft vor allem wichtige Entscheidungen zusammen. Ich möchte über Mariella reden und wie es nun weitergeht. Ihm einfach wieder näherkommen. In letzter Zeit streiten wir viel zu oft.

Vielleicht sollte ich mich wieder mal in mein Zimmer setzen und ein Bild malen. Das hast du doch auch immer gemacht, wenn du bei wichtigen Sachen nicht wusstest, wie du dich entscheiden sollst oder wie es weitergehen soll.

Liebe Grüße, deine Große

10. AUGUST

Liebe Grama,

das Gespräch mit Torben verlief nicht ganz wie erwartet. Er ist immer noch dafür, mit einer neuen Schwangerschaft zu warten, bis wir wirklich bereit dafür sind. Seiner Meinung nach bin vor allem ich noch überhaupt nicht in der richtigen Verfassung für eine neue Schwangerschaft. Ich wirke auf ihn verschlossen und traurig.

Und weißt du was, er hat recht!

Wenn ich ganz ehrlich bin, dann fühle ich mich genauso, wie er es beschreibt. Das ist völlig verrückt.

Torben denkt, es soll einfach noch nicht sein.

Als er mir das alles sagte, konnte ich das erste Mal seit Wochen wieder weinen. Torben hat mich dann in den Arm genommen und gehalten.

Liebe Grüße, deine Große

Liebe Grama,

seit unserem Grundsatzgespräch reden Torben und ich wieder offen miteinander. Wir sprechen auch über Mariella. Sie fehlt mir noch immer. Ich dachte, ich wäre bereit für eine neue Schwangerschaft, aber das stimmt nicht. Ich glaube, ich wollte einfach nur weglaufen, vor meiner Trauer weglaufen.

Wie gut, dass sich Torben so viele Gedanken macht und seine Gefühle so genau formulieren kann. Ihm ist es wichtig, was ich empfinde, er ist für mich da und möchte mir helfen. Seit Mariella ist unsere Ehe anders geworden. Wir hatten, gerade auch in der letzten Zeit, viel Streit miteinander. Dabei waren wir uns in der Zeit der Schwangerschaft und den Tagen nach ihrer Geburt viel nähergekommen und es bestand trotz der Belastungen keine Gefahr für unsere Ehe.

Nun habe ich gemerkt, dass ich in letzter Zeit dabei war, unser Vertrauensverhältnis zu belasten. Ich habe mich mit seiner Kritik nicht auseinandergesetzt. Und irgendwie war es mir auch egal, welche Argumente er hat oder was er denkt und fühlt.

Nur ich und mein Weg aus der Trauer waren mir wichtig. Wobei das nicht ganz stimmt. Ich habe keinen Weg aus meiner Trauer gesucht, sondern eine Fluchtmöglichkeit. Ich wollte einfach nur, dass der Schmerz aufhört. Das hat nur mit mir etwas zu tun, schließt aber alle um mich herum aus.

Jetzt fühle ich mich deswegen schlecht, aber mir ist Vieles klarer geworden. Allerdings weiß ich nicht, was ich jetzt machen soll. Wieder verhüten oder den Dingen ihren Lauf lassen?

Übrigens hatte ich dir doch letztens geschrieben, dass ich wieder malen möchte. Das habe ich versucht, doch es klappt einfach nicht. Ich bin nicht offen genug dafür im Moment. Leider.

Liebe Grüße, deine Große

Liebe Grama,

vor einer Woche war ich bei Nele. Wir konnten uns länger unterhalten. Ich hatte versucht, offen zu bleiben und mir anzuhören, was sie mir zu sagen hat.

Nele hat mir noch mal ausführlich von ihrer Geschichte mit ihrem Sohn erzählt. Sie hat mir sogar ihre Tagebuchaufzeichnungen vorgelesen. Sie ist einfach unglaublich. Ich bin so dankbar für ihre Offenheit. Die hat mich echt umgehauen. Vor allem ihre Gefühle, die sie mir konserviert in den Tagebuchseiten vorgelesen hat, haben mich sehr berührt. Es sind auch einige Tränen geflossen.

Besonders bewegend war für mich ihr Tagebucheintrag, in dem sie sich fragt, ob es denn für ein Kind schön ist, nur als Lückenbüßer geboren zu werden. Jedes Kind hat doch ein Recht auf Individualität und auf seine eigene Geschichte.

Mama, ich denke noch immer täglich über dieses intensive und offene Gespräch nach. Soll denn nach Mariella ein Lückenbüßer kommen, um mich von meiner Trauer abzulenken?

Nein, das möchte ich wirklich nicht.

Deine Große

Liebe Grama,

ich glaube, ich sollte das Thema einer neuen Schwangerschaft nochmal überdenken. Vielleicht ist es wirklich zu früh. Mir ist aufgefallen, dass ich die letzten Monate so auf eine neue Schwangerschaft aus war, dass ich nicht viel von meinem Leben in der Gegenwart mitbekommen habe. Ich stand eigentlich immer mit einem Bein in der Vergangenheit und dem anderen in der Zukunft.

Es ist, als würde ich gerade wieder auftauchen und Luft holen. So, als schaute ich erstaunt um mich und nähme die Welt um mich herum wieder ganz neu wahr. Und was ich jetzt sehe, ist echt schön.

Es gibt auch noch andere Themen als eine neue Schwangerschaft, andere Themen als die Trauer um Mariella. Weißt du, wie ich das meine?

Die Gespräche mit Torben und Nele haben mich wachgerüttelt, aus einer Erstarrung befreit Seitdem kann ich auch wieder malen, und es ist schön, die Farben fließen zu sehen. Sie sind auch nicht starr, sondern vermischen sich, fließen ineinander.

Ich würde dir die Bilder sehr gerne zeigen.

Dine Große

Liebe Grama,

natürlich bin ich traurig. So richtig wird das wohl auch nie weggehen. Torben und ich haben unglaublich heftige Sachen erlebt, aber das Leben geht weiter. Es wird nicht mehr wie früher sein, das ist mir klargeworden, doch ich möchte mein Leben leben. Mariella gehört dazu, aber es gibt noch so viel anderes.

Ich möchte nicht verharren und in meiner Trauer auf der Stelle treten, sondern vorwärtsgehen. Schauen, was da noch so kommt. Mit meiner Familie, mit Fynn und Torben leben. Nicht nur traurig sein, sondern auch wieder Licht in meine Seele, in mein Leben lassen. Auch wegen Fynn. Er braucht mich ganz und nicht nur Teile von mir. Er hat sowieso schon viel mitgemacht.

Die ganze Schwangerschaft mit Mariella, meine Trauer, die Hoffnungslosigkeit, aber auch die Liebe und Fürsorge. Doch nun soll es wieder besser werden.

Ich will nicht mehr schwanger werden. Jedenfalls nicht um jeden Preis. Nicht auf Kosten von Fynn und Torben und letztlich auch von mir und dem ungeborenen Kind. Nicht jetzt.

Ich versuche, mich zu ändern, mehr im Jetzt zu leben.

Ich vermisse dich, Grama.

Deine Große

Liebe Grama,

was ich dir noch gar nicht geschrieben habe: Vor einiger Zeit habe ich wieder angefangen zu joggen. Ich versuche mein Leben bewusster zu leben.

Das ist aber nicht immer so einfach: Vor allem wenn mir im Kindergarten die Mamas mit ihren Kinderwagen entgegenkommen. Das ist selbst nach all den Monaten eine Herausforderung für mich. Ich bin noch nicht in der Lage, anzuhalten und mit ihnen zu reden und in den Kinderwagen zu schauen. Ich kann es einfach nicht.

In diesen Situationen habe ich immer wieder Mariella vor Augen. Sie ist unsere Tochter und wir haben sie verloren, bevor wir sie überhaupt richtig kennenlernen durften.

Ach Mama, wann hört das mal auf?

Mir ist bewusst geworden, wie sehr du noch Teil meines Lebens bist. Nicht nur, dass ich dir schreibe, sondern vielmehr sind es die vielen Gedanken an dich, an unser Leben früher, die mich noch immer mit dir verbinden. So wird es auch bei Mariella sein.

In ewiger Verbundenheit, deine Große

Liebe Grama,

das Joggen tut mir richtig gut. Nachdem ich Fynn in den Kindergarten gebracht habe, laufe ich nach Hause zurück oder drehe noch eine Runde durch die Felder. Das fühlt sich super an.

Seit zwei Wochen halte ich schon durch – das ist für mich Laufmuffel eine echte Leistung.

Torben hat mich darauf angesprochen: Ich sei entspannter und offener seit einiger Zeit. Ich denke, dass das mit dem Laufen zusammenhängt. Es ist wie eine Meditation für mich. Ich bin an der frischen Luft, lasse meinen Blick über die Felder schweifen und versuche, ausnahmsweise mal an nichts zu denken, sondern einfach nur zu genießen. Nicht so leicht, aber effektiv.

Liebe Grüße, deine Große

· · · · · · · · · · · · · · · · ·

31. AUGUST

· · · · · · · · · · · · · · · · ·

Liebe Mama,

ich habe mich entschlossen, eine Gesprächstherapie zu machen. Die Trauer sitzt noch so tief in mir fest. Ich komme damit vielleicht doch nicht alleine zurecht.

Ich hatte dir doch geschrieben, dass ich mich von meiner Trauer nicht mehr einengen lassen möchte, dass ich wieder mein Leben leben möchte. Doch das klappt einfach nicht. Und je mehr ich es versuche, desto dunkler wird es in mir. Die Gespräche mit Torben oder auch mit Nele sind gut für mich und machen mir auch einiges bewusst, aber sie mindern meine Trauer nicht und zeigen mir auch keine Perspektiven.

Jeder Mensch hat seinen eigenen Weg, jeder trauert anders und hat andere Möglichkeiten, mit dem Geschehenen umzugehen. Ich bin anscheinend ein besonders schwerer Fall. So fühlt es sich jedenfalls an. Ich möchte da rauskommen, ohne dass ich ein neues Kind dazu brauche.

Nele hat recht, es ist dem neuen Kind gegenüber nicht fair, wenn es als Ersatz gewollt und auch geboren wird. Ich glaube mittlerweile, dass die Trauer mich auch mit einem neuen Kind irgendwann wieder einholen würde. Diese starken Gefühle kann man vielleicht eine Zeitlang verdrängen, aber dadurch sind sie ja nicht weg.

Es ist wie Staub, den man nur beiseite kehrt, aber nicht aus dem Haus schafft. Da muss ich mal wieder an dich denken. Wie hast du immer gesagt: Man muss sich auch den unangenehmen Dingen im Leben stellen, man kann nicht vor seinen Problemen oder Gefühlen weglaufen. Wenn man sie nicht in sich geklärt hat, begleiten sie einen immer weiter. Stellt man sich ihnen jedoch, so kann man sie überwinden, verändern und in das Leben integrieren. Leider ist mir das jetzt erst wieder eingefallen.

Nun muss ich mal sehen, ob ich einen guten Therapeuten oder eine gute Therapeutin finde. Torben unterstützt mich in meinem Vorhaben, wofür ich sehr dankbar bin.

Liebe Grüße, deine Große

. . . .

14. SEPTEMBER

. . . .

Liebe Grama,

nach längerem Suchen und einigen Kontakten habe ich eine sehr nette Therapeutin gefunden. Ich hatte Glück: Es ist jemand abgesprungen, so dass ich gleich einen Platz bekommen habe.

Ich war jetzt schon drei Mal bei ihr. Wir treffen uns zweimal pro Woche. Bis jetzt kann ich dir noch nicht viel sagen, außer dass sie sehr kompetent wirkt.

Bitte gib Mariella einen Kuss von mir.

Ihr fehlt mir! Deine Große

Liebe Grama,

tut mir leid, wenn ich dir wieder so selten schreibe. Aber du weißt ja selbst, dass das ein gutes Zeichen ist.

Die Therapie bei Frau Dr. Winkler bekommt mir sehr gut. Meine Therapeutin arbeitet auch viel mit Träumen. Das ist alles Neuland für mich, aber auch richtig interessant.

Jeden Morgen nach dem Aufwachen schreibe ich meine Träume auf. Jetzt würdest du vielleicht sagen: Du träumst doch gar nicht jeden Tag, kein Mensch tut dies. Genau das habe ich auch immer gedacht, aber ich wurde eines Besseren belehrt. Sehr schnell habe ich gemerkt, dass nicht fehlende Träume das Problem sind, sondern das Festhalten auf Papier, bevor sie wieder aus dem Gedächtnis verschwunden sind. Es klappt schon immer besser.

Es ist schon erstaunlich, wie differenziert und konkret die Träume manchmal sind. Ein Traum kehrt immer wieder: Ich gehe am Strand spazieren, da türmen sich vor mir plötzlich hohe Wellen auf. Ich renne in die schützenden Dünen zurück, doch manchmal spüre ich schon förmlich die saugende Kraft des Wassers an meinen Füßen. Oft wache ich bei diesem Traum mit panischer Angst auf. Meine Therapeutin sagt, die Wellen scheinen meine Trauer zu sein, vor der ich große Angst habe. Angst davor, dass sie mich verschlingen.

Es tut manchmal auch sehr weh, die Träume zu besprechen, doch trotzdem fühle ich, dass es vorwärtsgeht. Ich fühle mich freier, aber vor allem tut mir das Reden sehr gut. Einfach reden, ohne sich bloßgestellt zu fühlen. Ohne dass jemand meint, zu wissen, wie ich mich verhalten soll.

Die Therapeutin ist neutraler als Nele, und das ist ja auch ihr Beruf.

Ich gehe jetzt schlafen. Deine Große

Liebe Grama,

im Moment geht es mir eigentlich wirklich gut. Seit ich die Therapie mache, habe ich das Gefühl, dass ich mein Leben wieder selbst lebe und steuere. Ich bin nicht mehr so hilflos meinen Emotionen ausgesetzt.

Letzte Woche hatte ich einen weiteren sehr bedeutenden Traum. Ich habe dir ja geschrieben, dass ich immer wieder diesen schrecklichen Traum mit den Wellen hatte. Als ich ihn nun wieder träumte, geschah das plötzlich mit einer Ergänzung: Am Strand habe ich ein stabiles Boot gefunden, und mit diesem bin ich dann hinaus aufs Meer gefahren. Die Wellen konnten mir nichts mehr anhaben, das Boot war stabil genug.

Mama, ich habe so geheult, als ich diesen Traum aufgeschrieben habe. Für Frau Dr. Winkler war es ein Meilenstein in der Therapie. Sie meinte, nun sei ich bereit, weiterzugehen, die Trauer auszuhalten. Mein Unterbewusstsein habe offenbar nicht mehr den Drang, wegzulaufen.

Abends habe ich mit Torben eine Flasche Rotwein geköpft und wir haben diesen Traum gefeiert. Klingt verrückt, oder? Tat aber einfach nur gut.

Ich staune über mein Leben.

Deine Große

Liebe Grama,

die Termine bei Frau Dr. Winkler sind für mich mittlerweile genauso wichtig wie damals die Hebammenbegleitung durch Susanne.

Übrigens treffe ich mich ab und zu mit ihr auf einen Tee. Sie ist eine ungewöhnliche Persönlichkeit, so mitfühlend und gleichzeitig auch stark, so kraftvoll. In ihrer Gegenwart fühle ich mich immer sehr wohl.

Auch in Lichterburg fühle ich mich immer mehr zu Hause. Unsere Nachbarn sind sehr nett, und ab und zu treffen wir uns nicht nur an der Haustür, sondern machen mehr gemeinsam. Letztens haben wir ein Straßenfest organisiert. Es war richtig schön und ich habe mich sehr aufgehoben gefühlt.

Kein Vergleich zu früher, als wir noch in Elldorf gewohnt haben.

Es breitet sich ein Gefühl von Geborgenheit in mir aus.

Das ist so schön.

Deine Große

Liebe Grama,

meine Therapie bekommt mir sehr gut und ich freue mich jede Woche auf die Termine, auch wenn es immer wieder mal Rückschläge gibt und ich mich zu Hause in meiner Traurigkeit verkrieche. Manchmal heule ich auch die ganze Stunde.

Frau Dr. Winkler sieht meine Situation aus einem ganz anderen Blickwinkel und meint immer, das Weinen sei ein gutes Zeichen. Ich habe bei ihr mit meinen offenen Emotionen keine Probleme. Es ist mir nicht peinlich, sondern einfach Teil der Therapie. Das ist wohltuend und ich kann mich ihr sehr gut öffnen. Sie meint, dass das, was ich erlebe und fühle, völlig normal sei. Viele Frauen und auch Männer hätten nach einem so einschneidenden Erlebnis Probleme, mit dem Alltag zurechtzukommen.

Ich war echt erleichtert, als ich das gehört habe. Ich bin also kein Einzelfall. Durch die Arbeit mit der Therapeutin erlebe ich viele Momente und Stationen meiner gemeinsamen Zeit mit Mariella noch einmal. Vor kurzem habe ich ihre Fotos zur Therapiestunde mitgebracht. Das tat weh und ich bin richtig in die Dunkelheit meiner Gefühle abgetaucht, doch durch das Reden und den bewussten Umgang meiner Therapeutin damit kam ich besser klar als sonst.

Irgendwie hatte ich innerlich mehr Abstand und konnte die Fotos aus einer größeren emotionalen Distanz anschauen. Frau Dr. Winkler meinte, dass nichts im Leben umsonst sei und dass alles eine Ursache und auch eine Wirkung habe. Außerdem hat sie meinen Blick darauf gerichtet, dass Mariella gelebt und in dieser – wenn auch kurzen – Zeit unsere ganze Liebe gespürt hat. Und das sei ein großes Geschenk.

Sie hat uns empfohlen, eine kleine Erinnerungsecke für Mariella zu gestalten. Das haben wir gleich umgesetzt. Fynn hatte dabei auch viel Spaß, so tat es nicht nur weh. Jetzt stehen auf dem Tisch ein Foto von unserer Maus, eine Kerze, die Gipsabdrücke von ihren Füßchen und natürlich der kleine Strickschuh. Fynn hat eine kleine Stoffmaus aus seinem

Zimmer geholt und sie dazugesetzt. Ich weiß nicht, wie er auf diese Idee kam, aber es war für Torben und mich einfach nur schön.

Ansonsten gibt es nicht viel Neues. Torben und Fynn geht es gut. Mein Leben geht eindeutig aufwärts. Das fühlt sich super an.

Du fehlst mir zwar, aber auch damit kann ich langsam immer besser umgehen.

Deine Große

Liebe Grama,

nun bin ich schon seit mehr als drei Monaten in der Therapie. Natürlich waren diese Wochen kein reines Zuckerschlecken. Oft habe ich geweint, und die Dunkelheit wurde zeitweise noch düsterer.

Mittlerweile hat sich aber einiges getan. Durch die Therapie hat auch Torben etwas über sich gelernt. Durch gemeinsame Gespräche konnte auch er sich nochmal mit seiner eigenen Trauer auseinandersetzen. Uns ist klargeworden, dass wir beide sehr unterschiedlich mit der Trauer umgehen. Torben hat sich relativ schnell wieder in sein alltägliches Leben gestürzt. Er hat uns als Familie intensiv erlebt, aber sich auch um seinen neuen Job gekümmert. Gerade der Alltag, den ich gar nicht richtig bewältigen konnte, hat ihm am meisten Kraft gegeben. Er war wie ein roter Faden ins normale Leben zurück für ihn.

Bei mir war es ganz anders. Gerade die alltäglichen Dinge haben mich fast verrückt gemacht. Ich wollte nur noch an Mariella denken, und als ich gemerkt habe, dass die Trauer nicht weniger wird, wollte ich unbedingt wieder ein neues Kind im Arm halten. Torben und ich haben mittlerweile jeweils von dem anderen gelernt, und unsere Gespräche sind uns beiden sehr wichtig.

Da fielen mir Papa und du ein. Ihr wart auch sehr unterschiedlich und konntet euch dadurch gut ergänzen.

Ich merke immer wieder, wie glücklich ich mit Torben und Fynn bin. Timmi nicht zu vergessen. Der freut sich übrigens riesig über meine täglichen Joggingrunden, die ich immer noch laufe. Ich bin viel fitter geworden und die frische Luft ist super. Ich treffe mich oft mit Nele und wir unternehmen etwas zusammen mit den Kids. Macht Spaß.

Liebe Grüße, deine Große

---

26. DEZEMBER

Liebe Grama,

dieses Weihnachten ist wieder anders als letztes Jahr. Mein Bauch ist leer und mir steht auch kein Abschied bevor. Es ist einfacher als letztes Jahr, als ich nicht wusste, was auf mich zukommen wird, wie alles mit Mariella werden wird.

Es war sehr schön an Heiligabend mit Fynn und Torben. Doch es ist nicht so unbeschwert wie früher. Ob sich das jemals wieder ändert?

Du würdest mir vielleicht sagen: Das Leben geht nicht immer geradeaus, es ist ein farbenprächtiges Mäanderspiel voller Kraft und Hoffnung und bei jedem Menschen anders.

Liebe Grüße, deine Große

Liebe Grama,

bald ist ein Jahr vorbei und der Geburtstag von Mariella nähert sich.

Ich weiß noch gar nicht, wie ich damit umgehen soll, wie wir diesen Tag erleben wollen. An ihren Todestag zwei Tage später denke ich auch nur sehr ungern, aber ich kann ja schließlich nicht davor weglaufen.

Was würdest du mir raten?

Im Familienkreis an Mariella denken oder lieber Freunde einladen?

Gerne würde ich jetzt gemeinsam mit dir planen.

Deine Große

....
20. JANUAR
....

Liebe Grama,

eine neue Schwangerschaft ist für mich derzeit gar kein Thema mehr und wir verhüten schon lange wieder.

Meine Therapeutin meinte, ich solle Mariella gehen lassen, sie loslassen. Das habe ich die erste Zeit überhaupt nicht richtig verstanden und fand diese Idee geradezu anmaßend.

Doch nun merke ich, wie wichtig das Loslassen ist.

Dadurch entsteht Platz für etwas Neues. Damit meine ich jetzt nicht ein weiteres Kind, sondern einfach Raum in mir. Torben merkt auch deutlich, dass es mir besser geht. Wir reden viel miteinander, machen Quatsch wie früher und haben einfach als Familie Spaß zusammen. Ist das nicht schön?

Es ist wie du gesagt hast: Nicht vor den Gefühlen weglaufen, sondern sie bearbeiten und verstehen.

Durch die vielen Gespräche mit meiner Therapeutin und das Loslassen von Mariella fange ich an, meine Trauer zu akzeptieren und in mein Leben zu integrieren.

Das fühlt sich so gut an!

Deine Große

06. FEBRUAR

Liebe Grama,

vor einer Woche war der erste Geburtstag von Mariella und damit verbunden auch ihr erster Todestag zwei Tage später. Schon einige Zeit vorher waren diese wichtigen Tage Thema in meiner Therapie und auch bei uns zu Hause. Davon hatte ich dir ja schon geschrieben.

Ich hatte auch einige Träume dazu. Frau Dr. Winkler meinte, ich solle mich der Trauer stellen, aber nicht bodenlos in ihr versinken. So wie in dem Traum mit dem Boot.

Mit Torben habe ich besprochen, wie wir diese beiden Tage gestalten möchten. Wir haben uns dazu entschlossen, nur zu dritt zu feiern und auch zu trauern. Es war eine gute Entscheidung. Zu Mariellas Geburtstag haben wir morgens gemeinsam eine Geburtstagstorte gebacken und später auch viel davon gegessen. Außerdem haben wir zusammen Fotos von Mariella und Fynn angeschaut. Für Fynn ist seine Schwester sehr real und er erinnert sich an sie. Das ist so schön. Es war ein sehr schöner Geburtstag mit Sonnenschein und klarer Winterluft. An ihrem Todestag waren wir an ihrem Grab und haben einen rosa Luftballon in den Himmel steigen lassen. Es war sehr traurig, aber längst nicht so schlimm, wie ich es mir vorgestellt habe. Die tiefe Liebe für unsere Tochter war ganz klar im Vordergrund.

Liebe Grüße, deine Große

16. MÄRZ

Liebe Grama,

im Moment wachse ich wieder richtig in meine Mutterrolle hinein, kann die Zeit mit Fynn genießen und voll und ganz für ihn da sein. Wir basteln viel zusammen oder malen gemeinsam.

Letzens haben wir alle drei ein riesiges Stück Leinwand bemalt. Das ganze Wochenende waren wir damit beschäftigt. Es war so schön, wir haben viel Kraft und Harmonie als Familie.

Daran, dass ich dir nicht mehr so oft schreibe, merke ich, dass ich anfange, mich in meinem Leben zu verwurzeln.

Das ist ein ganz neues Lebensgefühl.

Deine Große

Liebe Grama,

Frühling, die Knospen springen auf. Bei mir auch. Die Therapie ist genau das Richtige für mich. Ich spüre förmlich, wie ich immer freier werde und meine Trauer mehr in den Hintergrund tritt.

Ostern haben wir dieses Jahr alle drei die Eier bemalt. Es war sehr lustig und wir haben viel gelacht, so wie wir beide früher auch Mama.

Liebe Grüße, deine Große

Liebe Grama,

obwohl ich dir in den letzten Monaten nicht geschrieben habe, denke ich trotzdem sehr oft an dich. Deine Gedanken und Ideen wirken oft immer noch in mir nach, das fühlt sich sehr schön an.

Die Therapie habe ich schon länger beendet. Einige Male war ich sehr lange am Grab von Mariella. Ich habe viel mit ihr geredet.

Ich weiß mittlerweile, dass die Trauer nie ganz verschwinden wird, sie wird ein Teil meines Lebens bleiben. Damit komme ich aber jetzt klar, weil ich es akzeptiert habe. Meine Trauer frisst mich nicht mehr auf. Sie überschattet mein Leben nicht mehr andauernd. Die Therapie war echt ein Erfolg für mich. Beinahe zehn Monate war ich zweimal pro Woche dort. Es war nicht immer einfach und manchmal wollte ich einfach den Kopf in den Sand stecken. Torben hat mich in dieser Zeit absolut unterstützt. Ich bin so froh, dass ich ihn habe.

Ich kann es nicht glauben: Mariella ist jetzt schon fast 19 Monate tot – viel länger, als die Schwangerschaft mit ihr und die wenigen Lebenstage gedauert haben. Sie fehlt mir, es tut aber nicht mehr so weh.

Gestern, als ich Fynn vom Kindergarten abgeholt habe, kam mir eine Frau mit Kinderwagen entgegen. Mama, zum ersten Mal konnte ich anhalten und das Baby intensiv anschauen. Ich bin nicht weggelaufen. Ich glaube es nicht. Ich fühle mich so viel freier.

Liebe Grüße, deine Große

Liebe Grama,

ich war mir nicht sicher, ob die Freiheit in mir auch nach dem Ende der Therapie anhalten würde. Doch sie tut es. Ich fühle mich so gut und genieße mein Leben im Moment sehr.

Wir haben einen kleinen Gemüsegarten angelegt und die Arbeit darin macht Spaß. Letzens habe ich zum ersten Mal selbst Zitronenlimonade gemacht. Torben und ich saßen auf der Terrasse, haben Fynn und Timmi im Garten beim Spielen zugeschaut und dabei die Limonade genossen. Sie war nicht ganz so gut wie deine, aber bestimmt hätte sie dir auch geschmeckt.

Deine das Leben genießende Große

Liebe Grama,

Torben hat mich gestern Abend überrumpelt. Wir lagen auf dem Sofa und haben es uns vor dem Feuer gemütlich gemacht, da meinte er plötzlich: „Maya, also ich fühle mich bereit für eine neue Schwangerschaft." Ich sagte dann so: „Wie bitte, meinst du das ernst?"

Mama, ich wusste nicht, was ich sagen sollte. Ich murmelte, dass ich darüber erst mal nachdenken müsse. Das fand Torben richtig gut.

Liebe Grüße, deine Große

Liebe Grama,

ich habe lange und sehr intensiv über Torbens Aussage nachgedacht und vor allem in mich hineingefühlt. Weißt du was, Mama? Ich glaube, ich bin auch bereit für eine neue Schwangerschaft. Wirklich durchdacht und durchfühlt dieses Mal.

Wie findest du das? Durch die Therapie habe ich viel an mir gearbeitet und ich glaube, nun habe ich die Kraft für ein weiteres Kind. Das habe ich natürlich auch gleich im Internetforum gepostet und das positive Echo war überwältigend. Es tut so gut, Zuspruch von außen zu bekommen.

Liebe Grüße, deine Große

Liebe Grama,

ich schreibe dir echt selten, ich weiß. Tut mir leid. Ich bin auch nicht mehr so oft an Mariellas Grab. Ich gehe meist nur noch am Wochenende hin. Das allerdings regelmäßig. Torben und ich verhüten nicht mehr und warten auf ein Geschenk des Himmels.

Ich weiß, das klingt etwas überspannt, aber für uns ist es so.

Liebe Grüße, deine Große

04. Oktober

Liebe Grama,

tja, ich bin nicht schwanger. Natürlich habe ich schon wieder angefangen, mir Gedanken zu machen, und diesmal war ich auch schon bei meiner Ärztin. Es ist alles in Ordnung bei mir. Sie meinte, ich solle einfach mehr Geduld haben. Nicht jede „Bestellung" werde auch sofort ausgeliefert. Geduld war ja noch nie meine Stärke, aber wem schreibe ich das.

Deine hibbelige Große

14. OKTOBER

Liebe Grama,

ich versuche mich trotz meiner Ungeduld zu entspannen und jeden Tag zu genießen. Das sollte man ja sowieso im Leben, nur fällt es mir im Moment sehr schwer.

Vielleicht sollte ich mit dem Joggen aufhören?

Aber das ist ja Quatsch. Nein, ich muss einfach nur Geduld haben.

Liebe Grüße, deine Große

25. DEZEMBER

Liebe Grama,

Frohe Weihnachten! Es gibt schöne Neuigkeiten: Wir sind wieder schwanger! Torben und ich freuen uns natürlich sehr, doch irgendwie sind unsere Gefühle noch sehr verhalten.

Die ersten Sekunden nach dem positiven Ergebnis des Schwangerschaftstests war ich vor Freude außer mir, aber direkt danach tat sich vor mir ein Abgrund auf, und der hieß Angst. Unglaubliche Angst. Durch unsere Vorgeschichte werde ich wohl viel öfter bei meiner Ärztin zur Kontrolle sein, als ich es bei Fynn war.

Die erste Ultraschalluntersuchung war unauffällig, aber ich bin auch erst in der zehnten Schwangerschaftswoche. Ich wollte den ersten Ultraschallbefund abwarten, bevor ich dir schreibe. Merkst du, wie unsicher ich bin, wie viel Angst ich habe? In knapp vier Wochen wird eine frühe Feinultraschalldiagnostik gemacht, dann können die Ärzte viel mehr sehen. Die Untersuchung wird auch in der Spezialklinik gemacht, wo wir damals wegen Mariella waren.

Mama, ich habe Angst. Sie sitzt in meinem Nacken und nagt an mir. Das fühlt sich furchtbar an. Also ist auch dieses Weihnachtsfest wieder anders als die letzten beiden.

Eigentlich unglaublich, oder? Deine Große

09. JANUAR

Liebe Omama,

wieder mache ich mir viele Gedanken. Wenn das Kind nicht gesund ist, weiß ich nicht, ob ich das Ganze noch mal durchstehen kann. Ich glaube, das schaffe ich einfach nicht. Aber das Kind abtreiben möchte ich auch nicht.

Hoffnung, ich brauche Hoffnung, dabei habe ich solche Angst. Im Moment überwiegt die Angst eindeutig die Freude. So hatte ich mir das natürlich nicht vorgestellt, aber wenn ich darüber nachdenke, wird mir klar, dass es gar nicht anders sein kann.

Ich fühle mich völlig kraftlos, ohne Energie. Der Geburtstermin ist nicht, wie bei Mariella, im Winter, sondern im Sommer. Darüber bin ich sehr froh. Es wäre mir sehr schwer gefallen, wenn die neue Schwangerschaft in derselben Jahreszeit liegen würde. Es würde mich alles zu sehr an Mariella erinnern.

Liebe Grüße, deine Große

Liebe Grama,

die Untersuchung war absolut unauffällig! Das Ultraschallbild habe ich mit nach Hause genommen. Das Köpfchen ist eindeutig normal geformt, und auch sonst ist alles an dem Kind dran.

Wir wollen nicht wissen, ob es ein Mädchen oder ein Junge wird. Das soll eine Überraschung sein. Vielleicht ist es komisch, aber ich möchte möglichst viele Unterschiede zu der Schwangerschaft mit Mariella haben. Nicht, dass ich sie vergessen möchte, das kann ich sowieso nicht. Aber ich möchte nicht ständig an diese schwere Zeit, an die ganze Trauer erinnert werden. Ich denke auch so oft genug an die Dunkelheit, die mich damals umhüllt hat. Sicher, die schönen Momente kommen mir auch in den Sinn, aber die traurigen überwiegen eindeutig.

Ich schaue mir heute schon den ganzen Tag das Ultraschallbild an und freue mich unglaublich. Mama, wir erwarten, wie es jetzt aussieht, ein gesundes Kind! Torben und ich sind so glücklich. Ach Mama, ist das nicht schön?

Liebe Grüße, deine Große

Liebe Grama,

in drei Tagen ist der Geburtstag von Mariella. Schon wieder ist ein Jahr vergangen, aber trotzdem sind die Erinnerungen an diese Zeit sehr intensiv und lebendig. Diesmal wollen wir an diesem Tag unsere Freunde einladen und zusammen feiern. Mama, ich hätte dich so gerne dabei. Ihren Todestag allerdings möchten wir lieber alleine verbringen.

Ich habe nicht mehr so große Angst davor wie letztes Jahr. Mit Sicherheit liegt das auch daran, dass ich wieder schwanger bin. Aber mein Leben hat sich im letzten Jahr durch die Therapie und die intensive Auseinandersetzung mit der Trauer verändert. Ich kann den Unterschied förmlich spüren. Es fühlt sich sehr gut an.

Trotzdem seid ihr beide fest in meinem Herzen. Bitte gib Mariella einen Kuss von mir.

Liebe Grüße, deine Große

···

06. FEBRUAR

···

Liebe Grama,

der Geburtstag von Mariella war ein schöner Tag. Unsere Freunde waren da und wir hatten eine schöne, kleine Winter-Geburtstagsparty. Es war eine gelöste Stimmung, ganz anders als letztes Jahr.

An Mariellas Todestag waren wir zu dritt an ihrem Grab. Fynn hat diesmal den rosa Luftballon in die Luft steigen lassen. Weißt du, was er zu mir gesagt hat, als mir ein paar Tränen über die Wangen liefen? – „Der Luftballon fliegt hoch zu Mariella, bestimmt freut sie sich."

Das hat mich sehr berührt.

Ich weiß, dass er irgendwie recht hat, Grama.

Deine Große

Liebe Mariella,

meine kleine Maus, du fehlst mir noch immer. Ich hoffe so sehr, dass es dir dort, wo du jetzt bist, gut geht. Ich bin so froh, dass deine Oma bei dir ist. Mein kleiner Schatz, wir erwarten wieder ein Baby. Fynn und du, ihr bekommt ein Geschwisterchen. Du bist dann die große Schwester und Fynn der große Bruder. Papa und ich denken oft an dich. Wir lieben dich.

Liebe Grüße, deine Mama

Liebe Mama,

man könnte ja denken, dass nach der unauffälligen Ultraschalluntersuchung alles gut ist und wir uns in Ruhe auf unser Kind freuen können. Leider ist dem nicht so.

Ich bin unruhig und sehr ängstlich. Jede zweite Woche bin ich bei meiner Frauenärztin und lasse einen Ultraschall machen. Doch all die medizinische Versorgung – und in meinem Fall sogar die Überversorgung – kann mir meine Angst nicht nehmen.

Ich könnte jeden Tag zur Kontrolle gehen, und ich weiß, dass mir selbst das keine Garantie für ein gesundes Kind gibt. Mir ist bewusst geworden, was alles noch passieren kann. Es gibt genetische Erkrankungen, die man gar nicht vorher erkennen kann; es können spontane Probleme mit dem Kind in der Schwangerschaft auftreten. Soll ich sie dir jetzt alle aufzählen?

Und dann die Risiken einer Geburt. Soll ich mich deshalb für einen Kaiserschnitt entscheiden? Was soll ich machen? So viele Fragen, und nur auf einen kleinen Teil davon wissen die Ärzte eine Antwort. Sie können mir keine hundertprozentige Sicherheit geben. Keiner kann das.

An manchen Tagen bin ich echt unerträglich und nerve Torben. Doch obwohl er selber auch Angst hat, hilft er mir, wo er kann. Er ist für mich da und gibt mir Halt.

Ich bin sicher, ihr würdet euch sehr mögen.

Liebe Grüße, deine Große

Liebe Grama,

ich habe mich zu einem Geburtsvorbereitungskurs bei Susanne angemeldet, der in zwölf Wochen beginnt. Sie hat sich sehr darüber gefreut. Außerdem bin ich wieder regelmäßig zur Kontrolle bei ihr und sie ist es auch, die es schafft, mich immer wieder zur erden und zu beruhigen.

Liebe Grüße, deine Große

Liebe Grama,

zu meiner Angst um das neue Kind in meinem Bauch kommt auch noch mein schlechtes Gewissen Mariella gegenüber. Sie durfte nicht bei uns bleiben, und nun erwarten wir ein neues Kind und trotz aller Angst bin ich sehr glücklich und dankbar. Manchmal denke ich, dass ich Mariella mit meiner Freude über die neue Schwangerschaft verrate.

Wie denkst du darüber? Vielleicht würdest du mir, so wie früher schon einmal, sagen: Alles hat seine Zeit, die Trauer und die Freude. Wichtig ist nur die Liebe, die über allem steht.

Liebe Grüße, deine Große

Liebe Grama,

bis jetzt sind alle Kontrollen in Ordnung und mir geht es körperlich sehr gut. Doch emotional ist es ein Auf und Ab.

Es ist ganz anders, als ich mir das vorgestellt hatte, und ich merke nun ganz deutlich, dass eine Folgeschwangerschaft wirklich nicht dazu geeignet ist, einen Verlust auszugleichen.

Mariella ist meine kleine Sternentochter und sie wird es auch immer bleiben. Die Trauer schaut, auch mit einem neuen Kind im Bauch, immer mal wieder bei mir vorbei. Aber dank der Therapie überfällt sie mich nicht.

Ich kann besser damit umgehen.

Deine Große

Liebe Grama,

inzwischen kann ich die Bewegungen unseres Kindes spüren. Auch Torben und Fynn können es spüren. Das ist für alle schön.

Es fühlt sich genauso wie bei Mariella an. Es sind dieselben flügelzarten Bewegungen, wie von einem Schmetterling. Das neue Leben in mir zu spüren ist sehr beruhigend. Ich weiß noch, dass du mir oft erzählt hast, wie ich dich in deiner Schwangerschaft mit mir von innen in den Bauch geboxt habe. Deine Erzählungen haben mich immer schmunzeln lassen.

Mittlerweile habe ich mich auch in einem Elternforum für werdende Eltern angemeldet, also bin ich nicht mehr nur im Anenzephalie-Forum unterwegs, sondern nun auch im „normalen" Forum.

Das war für mich auch ein wichtiger Schritt.

Liebe Grüße, deine Große

Liebe Mama,

dass ich unser Kind nun spüren kann, ist sehr schön, versetzt mich aber regelmäßig auch in Panik. Nämlich dann, wenn ich einige Zeit keine Bewegungen bemerke.

Ich horche ständig in mich hinein und bin alles andere als entspannt. Es ist sogar noch schlimmer als bei Mariella. Nur in ganz wenigen Momenten fühle ich mich leicht und kann die Schwangerschaft genießen.

Wie soll das denn werden, wenn das Kind auf der Welt ist?

Bin ich dann immer noch so ängstlich?

Mama, mir fehlt es gerade, mit dir in echt reden zu können.

Deine dich vermissende Große

Liebe Grama,

trotz der Unbeständigkeit in meinen Gefühlen und trotz der ganzen Angst, die ich in mir trage, geht es mir gut. Ich hatte zwei Termine bei meiner Therapeutin. Das hat mir sehr geholfen und ich bin etwas gelassener geworden. Trotzdem bin ich jede zweite Woche bei meiner Ärztin zur Kontrolle.

Liebe Grüße, deine Große

18. APRIL

Liebe Grama,

wir haben uns gegen einen geplanten Kaiserschnitt entschieden und unsere Ärztin unterstützt das auch sehr. Torben und ich fühlen uns gut damit. Wir denken sogar an eine Wassergeburt hier bei uns zu Hause oder im Geburtshaus.

Vielleicht ist es an der Zeit, wieder mehr Vertrauen in die natürlichen Abläufe zu haben. Das fällt mir allerdings noch sehr schwer.

Bitte denk an uns.

Deine Große

Liebe Oma,

unsere Freunde sind auch in dieser Schwangerschaft für uns da. Sie verstehen meine – unsere Ängste und tun sie nicht einfach ab. Das gibt uns beiden Kraft. Mit Nele und Peter treffen wir uns sowieso oft mit den Kindern. Yvonne passt mit Begeisterung auf Fynn auf, wenn wir mit Maik und Lisa ins Kino gehen, oder kommt aus alter Tradition auf einen Tee vorbei.

Letztes Wochenende habe Torben und ich zusammen mit Fynn meinen Bauch mit Farbe bemalt. Einfach aus Lust heraus. Es war total witzig und hat gekitzelt. Wir hatten alle drei viel Spaß zusammen und haben natürlich ganz viele Fotos von meiner kunterbunten Kugel gemacht. Mama, du hättest auch deinen Spaß gehabt, das weiß ich genau.

Ich schicke dir gedanklich ein Bild davon.

Deine Große

Liebe Oma,

der Geburtstermin rückt immer näher und gleichzeitig werde ich unruhiger. Hoffentlich geht alles gut und unser Baby kommt ohne Probleme auf die Welt. Die Kontrollen sind jedenfalls in Ordnung. Der kleine Schatz in meinem Bauch lutscht genauso wie Mariella am Daumen. So süß. Wir haben lange über eine Hausgeburt nachgedacht und auch mit meiner

Ärztin und Susanne darüber gesprochen. Beide unterstützen uns bei dieser Idee. Ich bin hin- und hergerissen. Einerseits die Sicherheit in der Klinik, die wir allerdings nur im Notfall bräuchten, andererseits die heimelige Atmosphäre zu Hause oder im Geburtshaus. Bei Fynn hat es doch auch geklappt. So gerne würde ich jetzt mit dir darüber reden. Du hättest bestimmt wieder zwei Ansichten dazu parat und wir hätten genügend Diskussionsstoff.

Du fehlst. Deine Große

. . . .

04. JUNI

. . . .

Liebe Grama,

nach langen Gesprächen mit Torben haben wir uns für eine Hausgeburt entschieden. Es fällt mir schwer, aber ich fange an, dem Leben wieder zu vertrauen. Der Geburtsvorbereitungskurs hilft mir da ganz entscheidend. Der regelmäßige Kontakt mit anderen werdenden Eltern tut mir einfach gut. Sicher haben sie auch ihre Sorgen und Ängste wegen der Geburt ihres Kindes, aber das liegt alles im normalen Bereich. Allerdings haben sie auch ein großes Vertrauen in ihre eigenen Fähigkeiten und Kräfte. Sie haben Zuversicht und freuen sich auf die Geburt.

Diese Gefühle und Gedanken färben ganz offensichtlich auf mich ab. Wie war das noch mit der „Kraft der positiven Gedanken"? Ich glaube, jetzt ist der richtige Zeitpunkt, um sie wieder einzusetzen. Wenn du wüsstest, wie oft ich an dich denke und wie ich die Gedanken an dich und das, was du mir beigebracht hast, wie einen Schatz in mir hüte und bewahre.

Liebe Grüße, deine Große

Liebe Grama,

zum Glück ist die Badewanne bei uns groß genug für eine Geburt. Wir haben tatsächlich alles für eine Wassergeburt zu Hause vorbereitet. Mama, ich freue mich nun wirklich auf die Geburt. Die positiven Gedanken scheinen zu wirken.

Danke dafür und für so Vieles mehr.

Liebe Grüße, deine Große

Liebe Grama,

in einer Woche ist der von mir errechnete Geburtstermin. Obwohl ich mich sehr freue und mich auch gut vorbereitet fühle, schleicht sich auch immer wieder die Angst in meine Gedanken. Doch mir haben die anderen Mütter aus dem Kurs versichert, dass es bei ihnen genauso ist.

Gestern saßen Fynn, Torben und ich auf dem Sofa und haben mit unserem Baby in meinem Bauch gekuschelt. Es schmiegt sich genauso wie Mariella an unsere Hände, wenn wir sie fest gegen meinen Bauch halten. Es ist einfach nur schön.

Du hättest bestimmt auch deine Freude daran, die Bewegungen zu spüren, da bin ich sicher.

Liebe Grüße, deine Große

Liebe Grama,

unsere Tochter Lara wurde vor einer Woche bei uns zu Hause geboren. Wir durften eine sehr harmonische Geburt erleben. Sie ist ein gesundes und wunderschönes kleines Mädchen. Alles hat gut geklappt. Wir sind so glücklich und dankbar.

Wenn Lara in meinen Armen liegt, fühle ich mich so beschenkt – das ist unglaublich. Ich liebe sie sehr.

Manchmal aber sehe ich auch Mariella vor mir. Es ist so traurig, dass sie ihre kleine Schwester nicht kennenlernen darf.

Deine – trotz allem – sehr glückliche Große

Liebe Grama,

nun ist Lara schon drei Monate alt und sie entwickelt sich prima. Fynn ist ein toller großer Bruder. Manchmal blitzt bei ihm zwar auch die Eifersucht durch, aber ich habe mir schöne Rituale für ihn ausgedacht. Wenn ich Lara auf der einen Seite stille, habe ich auf der anderen Seite Fynn im Arm. So sind die Stillzeiten auch für ihn kuschelig und mit Nähe verbunden.

Torben mit seiner Tochter auf dem Arm zu sehen, erfüllt mich stets aufs Neue mit Freude. Doch obwohl ich so glücklich mit meiner kleinen Familie bin und auch das Gefühl habe, dass wir nun komplett sind, fühle ich mich manchmal richtig schlecht. Dann nämlich, wenn ich an Mariella denke. Sie fehlt mir noch immer.

Durch Lara sind meine Gefühle für unsere erste Tochter nicht einfach verschwunden. Vielleicht klingt das jetzt merkwürdig, aber Mariella ist für mich ein Teil der Familie. Sie ist unser kleiner Engel, der zwar nicht bei uns wohnen darf, aber trotzdem zu uns gehört. Sie ist genauso meine Tochter wie Lara.

Wenn ich gefragt werde, wie viele Kinder ich habe, dann lautet meine Antwort immer: „Drei!" Da muss ich erst gar nicht nachdenken. Manchmal, wenn ich Lara anschaue, sehe ich Mariella vor mir und ich frage mich, wie sie jetzt wohl aussehen würde und was sie für eine Persönlichkeit wäre. Die Gefühle für Mariella sind fest in mir verankert.

Leider aber auch die ganze Traurigkeit darüber, dass sie uns verlassen musste. Durch Lara sehe ich jeden Tag aufs Neue, was ich mit Mariella nicht hatte. Dann fühle ich mich auch Lara gegenüber schlecht.

Ich weiß, was du mir dazu sagen würdest: Mache dir nicht so viele Gedanken, lebe dein Leben, sei glücklich und genieße deine Kinder, deine Familie. Denn genau das hast du mal zu einer deiner Freundinnen gesagt. Das ist schon sehr lange her, und mich wundert es gerade, dass es mir in diesem Augenblick wieder einfällt.

Genau das werde ich ab jetzt machen.

Liebe Grüße, deine Große

Liebe Grama,

bald ist wieder Weihnachten, und dieses Jahr sind wir zu viert. Es wird wieder anders sein als die Jahre zuvor und ich freue mich schon sehr auf diese besonderen Tage.

Mein Leben – unser Familienleben hat sich verändert mit und durch Mariella. Das ist einfach so. Aber Torben und ich, wir haben diesen Wandel zusammen erlebt, gespürt und vor allem gelebt.

Nun sind es Fynn und Lara, die unser Leben bereichern. Ich freue mich sehr auf unser weiteres Familienleben. Auch wenn es sich anders entwickelt hat, als ich es mir früher immer vorgestellt hatte, bin ich sehr glücklich mit meiner kleinen Rasselbande. Fynn und Lara aufwachsen zu sehen ist ein Geschenk, über das wir sehr glücklich sind.

Im Nachhinein macht auch vieles einen Sinn. Ich habe durch Mariella gelernt, dankbarer zu sein und mich auch an den kleinen Augenblicken im Leben zu freuen.

Mama, du hast mir vor langer Zeit einen wichtigen Satz in mein Poesiealbum geschrieben, der mir erst vor kurzem wieder in den Sinn kam. Es ist ein afrikanisches Sprichwort und lautet: Die kleinen Sterne leuchten immer, während die große Sonne oft untergeht.

Bitte gib Mariella einen Kuss von mir. Ich habe euch lieb.

Ich bin wieder in meinem Leben angekommen. Ich liebe es und bin sehr glücklich. Danke Grama.

Deine Große

Linkseite zu Anenzephalie (englischsprachig): www.anencephaly.net

Informationsseite zu Anenzephalie mit Erlebnisberichten, Links, Sachbe-schreibungen u.a. (in mehreren Sprachen): www.anencephaly.info

Forum und Informationsseite zum Austragen einer Schwangerschaft bei schwierigen pränataldiagnostischen Befunden: www.weitertragen.info

Klinikaktion der Schmetterlingskinder: www.sternenkinder-eltern.de

Forum für früh verwaiste Eltern: www.sternenkinder.de

Forum für Angehörige: www.leben-ohne-dich.de

Initiative Regenbogen „Glücklose Schwangerschaft":
www.initiative-regenbogen.de

Bundesverband verwaister Eltern und trauernder Geschwister e.V.:
www.veid.de

www.unvergessliche-bestattung.at

kleine-inseln.de

besonderegrabmale.de

Sandra Wiedemann
mit zwei packenden autobiographischen Titeln zum
Thema Spätabbruch und Folgeschwangerschaft:

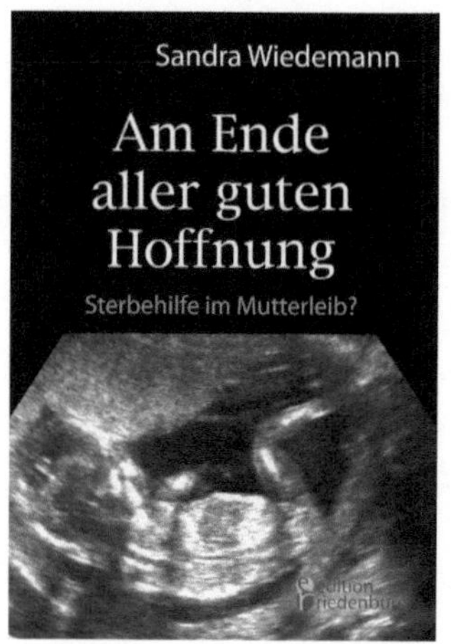

Die vierunddreißigjährige Sandra ist überzeugte Optimistin mit schier unerschütterlichem Vertrauen ins Leben. Den vermeintlich „guten Draht nach oben" will sie sich zunutze machen und bittet um die Erfüllung ihres Herzenswunsches: Nach dem putzmunteren Sohn soll eine kerngesunde Tochter das Familienglück krönen.

Das Universum „liefert" zwar unverzüglich – allerdings mit einem furchtbaren Fehler, wie sich in der 25. Schwangerschaftswoche herausstellt. Die brutale Prophezeiung der Ärzte, das vollkommen gesund geglaubte Kind sei nicht lebensfähig, bringt die heile Welt der werdenden Mutter zum Einsturz.

Gleichzeitig wird eine schier unmenschliche Entscheidung von der Schwangeren gefordert: untätig abwarten, bis das Schlimmste eintritt – oder dem Schicksal vorgreifen und ihr ungeborenes Baby erlösen.

Nach einem Schwangerschaftsabbruch aufgrund tödlicher Fehlbildungen des Kindes beginnt für Sandra der lange, schmerzhafte Weg der Verarbeitung. Phasenweise verzweifelt sie am Leben und glaubt, ihr Urvertrauen sei für immer zerstört worden. Zur Trauer um die verlorene Wunschtochter gesellt sich das zähe Warten auf eine Folgeschwangerschaft. Sandra ist der Überzeugung, unbedingt noch einmal schwanger werden zu müssen. Nur davon verspricht sie sich Heilung, und nur eine erneute Schwangerschaft scheint die letzte und einzige Rettung zu sein.

Als es endlich dazu kommt, muss Sandra erkennen, dass sie vom Seelenfrieden noch weit entfernt ist. Eine Achterbahnfahrt der Gefühle beginnt. Wieder „guter Hoffnung zu sein" gibt ihr zwar neuen Lebensmut, ist aber erst der Anfang einer aufregenden Reise mit ungewissem Ausgang.

Wird das Schicksal ihr diesmal gnädig sein? Darf sie am Ende ein gesundes Kind im Arm halten?

Unter dem Herzen tragen
Die edition riedenburg widmet sich schwerpunktmäßig den Bereichen Schwangerschaft und Geburt: